ALEXANDRA RA

Bienvenue dans l'ère du Verseau

NOUVELLES ÉNERGIES

Sommaire

Introduction 4

PARTIE 1

Une nouvelle ère pour l'humanité 7

En astrologie, que désigne une ère ? 9

Poissons, Bélier, Taureau... Les ères qui ont précédé celle du Verseau 34

L'importance de « l'entre-deux-ères » 39

L'ère du Verseau : dates et perspectives 40

PARTIE 2

Cultiver sa singularité et écrire son histoire personnelle 49

Trouver sa mission de vie 51

Développer l'amour de soi pour vivre son plein potentiel 59

Trouver son « hygiène de soi » pour être pleinement soi au quotidien 75

Comment s'ouvrir au monde de l'invisible ? 90

PARTIE 3
Inviter la spiritualité dans sa vie 107
Qu'est-ce que la spiritualité ? 109
Comment devenir un être plus lumineux ? 112
Quand le spirituel s'incarne dans la matière 123
Qu'est-ce que l'éveil des consciences ? 129

PARTIE 4
Mieux vivre avec soi et les autres 139
L'ère du Verseau, un mouvement d'abord vers soi 141
L'ère du Verseau, un mouvement dirigé ensuite vers les autres 153
Se relier aux autres 165
Comprendre les deux concepts clés de l'amitié vraie et de l'amour véritable 173

Conclusion 186

Bibliographie et ressources 188

Remerciements 191

Introduction

Le bonheur de l'éveil

Le chemin vers l'éveil… Et si, comme pour le bonheur, l'éveil n'était pas une destination mais une façon de voyager ?

Pourquoi évoquer la notion d'éveil ? Parce qu'après plus de 2 000 ans dans l'ère du Poissons, nous commençons notre lent cheminement vers l'ère du Verseau, qui s'annonce comme celle des grandes transformations de l'esprit.
Éveil, esprit… avec ces termes, nous avons déjà les deux pieds dans la spiritualité. Un des sages les plus inspirants de notre époque, Satish Kumar, au micro du philosophe Fabrice Midal, a une jolie formule pour expliquer simplement ce qu'est la spiritualité : « Faites tout ce que vous faites avec amour et le sens du service et soyez ainsi irradiant de spiritualité[1] ». Une spiritualité qui se trouve dans le cœur de chacun.
Vivre sa spiritualité permet de développer des relations plus harmonieuses avec les autres, de vivre en paix dans la société et de trouver la meilleure façon de s'épanouir en plein accord avec soi.
Même si cet art millénaire est souvent décrié, l'astrologie aide justement à mieux se connaître, à envisager ses forces et ses faiblesses, à prendre le sens du vent ou plutôt suivre la rotation des planètes, à replacer l'humain dans son environnement. Cet ouvrage est donc une invitation à bien se positionner dans cette nouvelle ère du Verseau, un nouveau cycle plus humain, plus créatif et surtout plus spirituel.

1. Podcast *Dialogues* par Fabrice Midal, dialogue #113, Être le changement que vous voulez voir dans le monde, Satish Kumar, juin 2024.

Ainsi, nous aborderons dans un premier temps les notions essentielles à connaître en astrologie pour comprendre l'ère du Verseau et la fin de l'ère du Poissons, avec toutes leurs implications dans notre vie. Nous verrons ensuite comment trouver sa voie, son chemin en transformant sa pierre brute en diamant. Nous nous pencherons alors sur les moyens à notre disposition pour insuffler de la spiritualité dans notre quotidien, sans pour autant devenir moine bouddhiste. Enfin, nous traiterons des répercussions relationnelles, de ce lien invisible et permanent entre nous et les autres. Astrologue, *channel*, médium... Plusieurs expert·es apporteront leur éclairage et leurs conseils afin de vous éclairer et vous éveiller au fil des pages.

Pour finir, gardez en tête que comme pour le bonheur, il n'y a point de chemin vers l'éveil. L'éveil, c'est le chemin.

Spirituellement vôtre,
Alexandra

PARTIE 1

Une nouvelle ère pour l'humanité

Pour mieux comprendre l'importance
de l'ère du Verseau pour les êtres humains,
il est essentiel de se pencher sur quelques
notions clés en astrologie.

Si la dignité des *arts*
était évaluée d'après les matières
dont ils traitent, celui que certains
appellent *astronomie*,
d'autres *astrologie*… serait
de beaucoup le plus haut.

NICOLAS COPERNIC

En astrologie, que désigne une ère ?

En histoire, l'ère désigne une période assez longue qui évoque de fait un nouvel ordre des choses, marqué par des événements particuliers. On change de période et de paradigmes. Il suffit de penser à l'ère glaciaire, à l'ère chrétienne ou, plus près de nous, à l'ère industrielle. L'ère se caractérise par des changements majeurs qui transforment l'humanité. Une ère astrologique se définit-elle de la même façon ? Avant de répondre à cette question, revoyons quelques notions de base.

Les signes du zodiaque, le point de départ

Même sans être expert·es en astrologie, nous connaissons tou·tes notre signe astrologique. C'est déjà un bon début ! Mais pour bien comprendre ce qu'est une ère astrologique, et surtout son impact dans notre vie, nous avons aussi besoin de revoir quelques notions clés et de repartir du thème astral, et donc des signes du zodiaque et... des planètes. Notre vision occidentale a donné toute importance aux signes, en délaissant un peu les planètes. Mais n'oublions pas que les premiers astrologues étaient aussi des astronomes : c'est en observant le mouvement des planètes autour de la Terre qu'ils en ont déduit les cycles et les mouvements du zodiaque.

D'ailleurs, le signe du zodiaque du mois de naissance correspond à la position exacte du Soleil dans le ciel au moment précis de votre venue sur Terre. C'est pour cette raison que le signe astrologique s'appelle aussi le signe solaire. Chaque année, le jour de votre anniversaire correspond au retour du Soleil dans votre signe de naissance après douze mois d'absence.

Le signe solaire est le plus connu et le plus médiatisé des éléments du thème astral, qui est, en réalité, beaucoup plus riche en informations. Votre carte du ciel (ou thème astral de naissance) correspond à une photographie exacte des planètes et des astres au moment de votre venue sur Terre, prenant en compte votre heure et votre lieu de naissance. C'est un précieux outil de connaissance de soi, pour celles et ceux qui savent le décrypter.

TROUVER SON THÈME ASTRAL

Si vous souhaitez établir la carte de votre ciel de naissance, le procédé est très simple. Aujourd'hui, il existe de nombreux sites, comme www.astrotheme.fr ou encore www.evozen.fr, qui proposent en quelques clics de calculer votre thème astral ou celui de vos proches. C'est l'occasion de découvrir votre ascendant, la position de votre nœud Nord, ainsi que les planètes qui influent sur votre quotidien et sur vos douze maisons astrologiques.

Voici, ci-contre, les symboles correspondant aux signes astrologiques et aux planètes que vous retrouverez dans votre thème astral.

SIGNES ASTROLOGIQUES	PLANÈTES	DATES
♈ Bélier	♂ Mars	21 mars-20 avril
♉ Taureau	♀ Vénus	21 avril-20 mai
♊ Gémeaux	☿ Mercure	21 mai-21 juin
♋ Cancer	☾ Lune	22 juin-22 juillet
♌ Lion	☉ Soleil	23 juillet-22 août
♍ Vierge	☿ Mercure	23 août-22 septembre
♎ Balance	♀ Vénus	23 septembre-23 octobre
♏ Scorpion	♂ Mars et ♇ Pluton	24 octobre-22 novembre
♐ Sagittaire	♃ Jupiter	23 novembre-21 décembre
♑ Capricorne	♄ Saturne	22 décembre-20 janvier
♒ Verseau	♄ Saturne et ♅ Uranus	21 janvier-19 février
♓ Poissons	♃ Jupiter et ♆ Neptune	20 février-20 mars

La roue du zodiaque

Dans un thème astral, les signes sont représentés autour d'un cercle qui contient d'autres informations sur la position des planètes dans le ciel de naissance. Voici par exemple une carte du ciel astrologique pour une date et un lieu de naissance donnés.

Carte du ciel astrologique
(ciel du 13 octobre 1975 à 19 h 30 à Miramas, France)

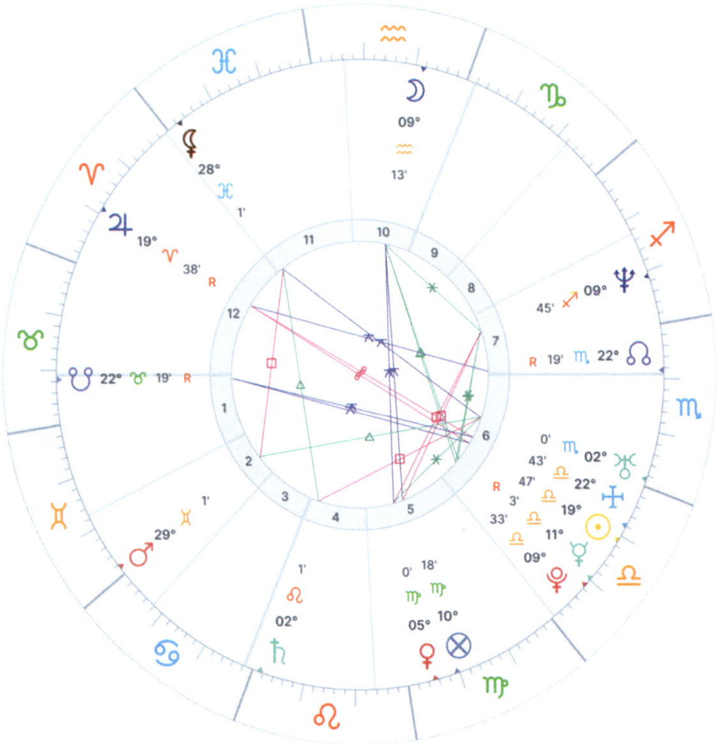

Source: Evozen

Pour mieux expliquer le zodiaque, disons qu'il s'agit d'un cercle virtuel de 360°, représentant le ciel, les planètes, les constellations... Bien entendu, si vous regardez le ciel un soir de pleine lune, vous ne verrez pas apparaître le zodiaque. C'est une projection humaine des douze constellations dans un cercle parfait, divisé en douze secteurs égaux de 30° chacun.

En utilisant les mots actuels, on pourrait dire qu'il s'agit d'une fiche de lecture des mouvements célestes autour de la Terre. Le thème de naissance représente une photographie précise, immuable et surtout unique du ciel au moment de la naissance.

Dans cette roue du zodiaque, les douze signes sont rassemblés en trio par saison. La roue du zodiaque avec les douze signes astrologiques (chacun correspondant à un mois de l'année) commence lors de l'équinoxe du printemps, avec le signe du Bélier, et se termine avec le signe du Poissons.

Que signifie précisément le mot zodiaque ?

Ce mot vient du grec *zodiakos*, qui signifie « cercle des petits animaux ». Comme nous le savons aujourd'hui, la roue réunit les douze signes, composés de :

- **six animaux** (le Bélier, le Taureau, le Cancer – le crabe –, le Lion, le Scorpion, et les Poissons) ;
- **deux créatures mystiques** (le Sagittaire, un centaure moitié homme, moitié cheval, et le Capricorne ou chèvre de mer, animal légendaire mi-bouc, mi-poisson) ;
- **trois signes avec une représentation humaine** (et non animale), ayant chacun une part d'humanité (les Gémeaux, le Verseau, la Vierge) – ce qui va être important pour la suite de notre propos – ;
- **un objet** (la Balance).

Le zodiaque circulaire

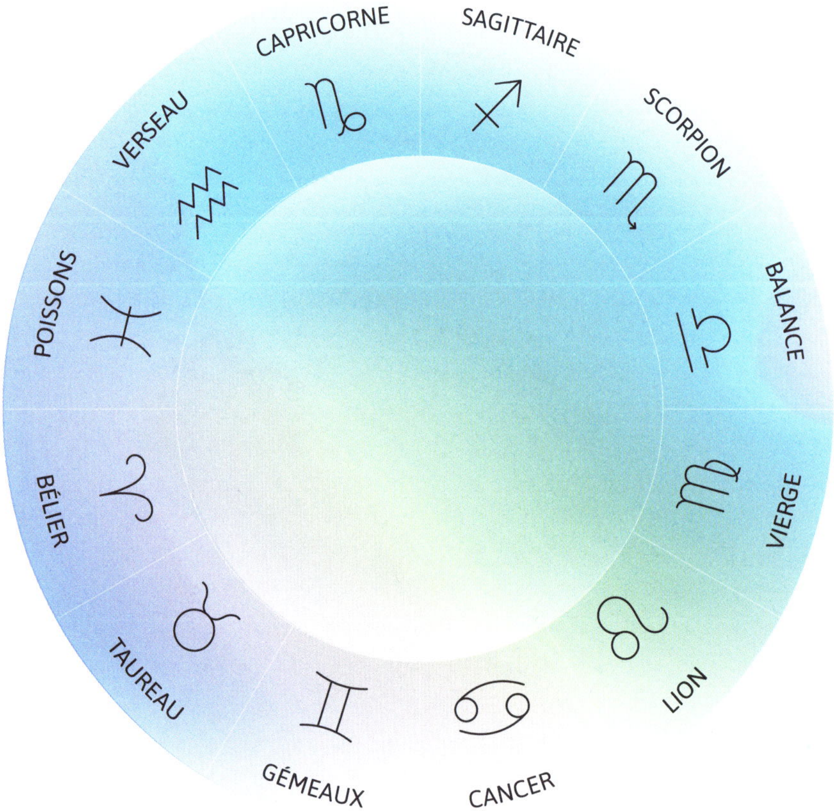

BON À SAVOIR

Il existe un autre zodiaque, dit des constellations, qui est constitué d'un groupe d'étoiles dans le ciel, reliées par des lignes imaginaires. Certain·es astrologues le considèrent comme le « vrai » zodiaque. Dans ce zodiaque des constellations, utilisé aussi par les astronomes, on retrouve les douze constellations abritant chacune un signe astrologique et un treizième signe, celui du Serpentaire, situé entre deux constellations, celles du Scorpion et du Sagittaire. Ce zodiaque, divisé en treize parties inégales, contient donc treize constellations. À l'inverse, le zodiaque des signes astrologiques est divisé en douze parts égales.

Pourquoi le Bélier est-il le premier signe du zodiaque ?

Pendant longtemps, le 21 mars a été l'équivalent de notre nouvel an, notamment pour les Grecs et les Romains sous l'Antiquité. Quand le 1er janvier est devenu officiellement la date du début de l'année, les astrologues s'opposèrent à ce changement et continuèrent à considérer le 21 mars (date de l'équinoxe de printemps) comme le début de l'année zodiacale. Pour la petite histoire, c'est au XVIe siècle, en 1582, que le pape Grégoire XIII introduit le calendrier grégorien et établit le 1er janvier comme date officielle de la nouvelle année dans tous les pays catholiques. Le roi Charles IX l'avait instauré en France dès 1564, par l'édit de Roussillon. Aujourd'hui encore, le Bélier reste le premier signe du zodiaque et celui par lequel commencent tous les horoscopes ! Le Bélier, signe de l'arrivée du printemps et du renouveau dans la nature au niveau des saisons, est le point dit vernal, croisement entre l'écliptique et l'équateur céleste.

Qu'est-ce que le point vernal ?

Comme nous l'avons vu, la roue du zodiaque fait 360° et est divisée en douze secteurs égaux. Le point vernal, c'est tout simplement le point zéro, le point de départ du zodiaque. Il se situe en Bélier, car il faut bien commencer par un signe... mais pas n'importe lequel. Le point zéro (ou point vernal) correspond au jour de l'arrivée du printemps, jour de l'équinoxe, c'est-à-dire au passage du Soleil de l'hémisphère Sud à l'hémisphère Nord. C'est le point d'intersection de l'équateur et de l'écliptique, en d'autres termes, c'est le point où se trouve le Soleil au moment de l'équinoxe de printemps (autour du 21 mars). Pour la petite histoire, le terme vernal vient du latin *vernus*, qui signifie « printanier ».

Pourquoi certaines dates de signes astrologiques changent ?

L'explication précédente sur le point vernal peut déjà vous donner un indice ! Nous l'avons évoqué plus haut, il existe douze signes principaux, qui suivent un ordre précis, selon la roue zodiacale. Le signe solaire est le signe principal, celui qui répond à la question : « Quel est votre signe astrologique ? » Cependant, les dates de début et fin de certains signes astrologiques peuvent varier en fonction des dates des équinoxes de l'année en cours, à savoir les équinoxes de printemps (entre le 19 et 22 mars, pour le Bélier et les Poissons) et d'automne (entre le 21 et le 24 septembre, pour les signes concernés, c'est-à-dire la Vierge et la Balance), ainsi que les dates des solstices d'été (entre le 19 et le 21 juin, pour les signes concernés, les Gémeaux et le Cancer) et d'hiver (entre le 21 et le 23 décembre, pour les signes Sagittaire et Capricorne). C'est pour cette raison que certaines dates des signes ne sont pas identiques et que certaines personnes nées le 23 septembre, par exemple, peuvent se trouver en déséquilibre entre le signe de la Vierge et celui de la Balance, selon les années.

Le mouvement des planètes

La Terre tourne sur elle-même (rotation de 360° en 24 heures) et autour du Soleil en un peu plus d'un an (précisément 1 an, 20 minutes et 20 secondes), car elle décrit comme un cône (et non un rond) du fait, notamment, de l'attraction exercée conjointement par le Soleil et la Lune. Ainsi, la Terre dévie légèrement chaque année. C'est là qu'intervient de nouveau le point vernal. Pour rappel, le point vernal correspond à la position du Soleil sur l'écliptique au moment de l'équinoxe de printemps, en d'autres termes il s'agit de l'endroit où se lève le Soleil au moment de l'équinoxe de printemps. Donc, au bout de 72 ans, le point vernal rétrograde : il se décale d'un degré – d'un tout petit degré.

En tournant sur elle-même, la Terre traverse les douze constellations dans le ciel (du Bélier au Poissons), chacune s'étendant sur 30° (360 ÷ 12 = 30). Si, tous les 72 ans, il existe ce petit degré de décalage, pour que la Terre puisse traverser tout le périmètre du signe, il lui faut 30° × 72 ans, soit 2160 ans... C'est ce qu'on appelle une « ère astrologique ». Pour que le système solaire parcoure toutes les constellations, il mettra donc 12 × 2160 ans, soit 25 920 ans, un cycle complet de douze ères !

Le Soleil est-il une planète ?

En astronomie, le Soleil n'est pas une planète, mais une étoile, la plus grande du système solaire. La Lune, quant à elle, n'est pas, astrologiquement parlant, une planète, mais un satellite naturel de la Terre. Mais en astrologie, le Soleil et la Lune sont considérés comme des planètes (tout comme les Anciens, les premier·ères astrologues-astronomes, le pensaient) en raison de leur importance dans le thème astral. Rappelons que la position du Soleil le jour de notre naissance nous indique notre signe astrologique, et la position de la Lune (qui change tous les deux/trois jours environ) nous donne notre signe lunaire ! Une personne née le 13 octobre ou le 18 octobre d'une même année n'aura donc pas la même cartographie céleste.

Pourquoi sept planètes ?

Nous devons aux Anciens les premières observations du ciel. À l'époque, on distinguait sept planètes visibles: Mercure, Vénus, Mars, Jupiter, Saturne et... le Soleil et la Lune. Ce qui explique la répartition des jours de la semaine en fonction des connaissances d'alors. On obtient donc: lundi, jour de la Lune; mardi, jour de Mars; mercredi, jour de Mercure; jeudi, jour de Jupiter; vendredi, jour de Vénus; samedi, jour de Saturne; et dimanche, jour du Soleil (d'ailleurs dimanche se dit *Sunday* en anglais).

Selon des connaissances de l'époque, les planètes ont été associées à des signes, jusqu'à ce que de nouvelles planètes situées au-delà de Saturne soient découvertes (voir pages 27 à 30), et qu'elles soient réattribuées aux signes en fonction de calculs complexes.

Les chiffres à connaître

Voici les quelques chiffres à retenir pour bien comprendre les mouvements des planètes au-dessus de notre tête:

- **12 :** nombre de signes et de constellations (sauf pour certain·es astrologues, qui en comptent 13).
- **360 degrés :** rotation complète de la Terre.
- **30 degrés :** division de chaque constellation (12 × 30 = 360).
- **72 ans :** temps mis par la Terre pour se décaler d'un degré.
- **2 160 ans :** durée d'une ère astrologique (30 × 72 = 2 160). Une ère est également appelée « grand mois ».
- **25 920 ans :** temps nécessaire pour faire le tour complet des douze constellations. Pour Platon, ces douze grands mois portent le nom de « grande année ».

Le zodiaque circulaire et ses planètes

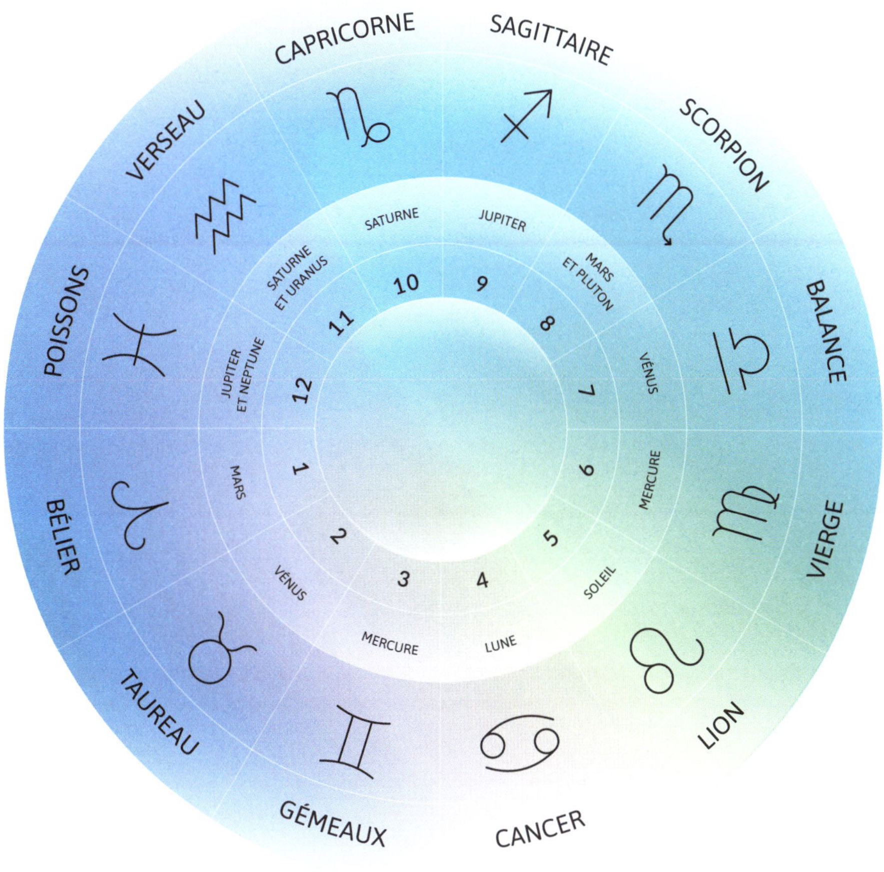

Qu'est-ce que le système solaire ?

Le système solaire appartient à la galaxie de la Voie lactée qui regroupe des milliards d'étoiles. L'ensemble des astres (planètes, comètes, astéroïdes...) gravitent autour du Soleil. L'art de l'astrologie est d'étudier et de décrypter l'impact des planètes sur chacun·e d'entre nous, à travers notamment le thème astral de naissance.

La Terre et le Soleil

En suivant les enseignements de Copernic (1473-1543), c'est Galilée (1564-1642), physicien, mathématicien et astronome italien du XVIIe siècle, qui le premier a mis en évidence que toutes les planètes du système solaire (dont la Terre, qui tourne sur elle-même) tournent autour du Soleil. Ce qui signifie que la Terre n'est pas non plus au centre de tout... D'ailleurs, cela a valu à Galilée deux procès pendant l'Inquisition.

Les planètes

Il existe officiellement 8 planètes dans le système solaire. Pluton n'est plus considérée comme une planète en astronomie, mais c'est un astre qui a son importance en astrologie. Plus une planète est proche du Soleil, plus elle est rapide pour effectuer sa révolution solaire (mouvement complet de la planète autour du Soleil).

L'éloignement des planètes par rapport au Soleil

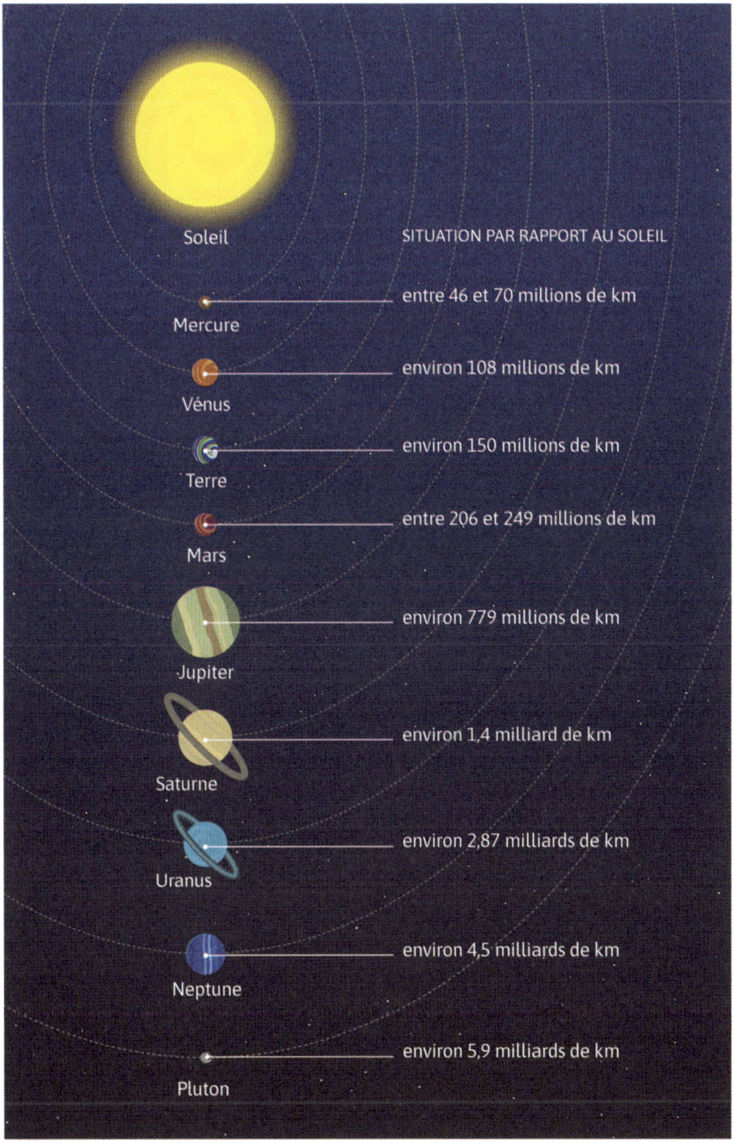

PLANÈTE	VITESSE (KM/S)	VITESSE (KM/H)	PÉRIODE DE RÉVOLUTION
☿ Mercure	47,87	172 332	87,97 jours
♀ Vénus	35,02	126 072	224,7 jours
○ Terre	29,78	107 208	365,26 jours
♂ Mars	24,077	86 677	686,93 jours
♃ Jupiter	13,07	47 052	11,86 ans
♄ Saturne	9,69	34 884	29,42 ans
♅ Uranus	6,81	24 516	83,75 ans
♆ Neptune	5,43	19 548	163,72 ans
♇ Pluton	4,74	17 064	247,92 ans

Source : Numerama

Parmi ces planètes, on distingue trois catégories :

- **Les planètes dites luminaires**, qui illuminent la Terre. Il s'agit du Soleil en journée, et de la Lune pendant la nuit. Comme nous l'avons vu précédemment, le Soleil n'est pas à proprement parler une planète, mais une étoile (constituée majoritairement d'hydrogène et d'hélium). La Lune, quant à elle, est un satellite de la Terre.

  En astrologie, le Soleil représente toutes les valeurs dites masculines (le yang), et la Lune est associée à toutes les valeurs dites féminines (le yin).

- **Les planètes dites telluriques** (composées essentiellement de roches et de métaux), représentées en dehors de la Terre par Mercure, Vénus et Mars. Ce sont aussi des planètes internes, car elles sont situées entre le Soleil et la ceinture principale d'astéroïdes. Elles sont rapides, car leur temps de révolution autour du Soleil est rapide.

  En astrologie, elles représentent l'essence de l'être humain, à savoir les pensées (Mercure), l'amour (Vénus) et l'action (Mars).

✶ À l'inverse, **les planètes dites lentes** mettent plus de temps pour effectuer leur révolution. Elles sont aussi dites externes (car situées au-delà de la ceinture principale d'astéroïdes). Essentiellement composées de gaz, elles sont de taille géante par rapport aux planètes internes. Il s'agit de Jupiter, Saturne, Uranus, Neptune et Pluton.

En astrologie, elles représentent différents domaines qui ont un impact sur l'être humain: le pouvoir et les lois (Jupiter); les vertus liées à la raison, de la réflexion à la frustration (Saturne); la liberté et la révolution (Uranus); tout ce qui échappe à la réalité, du rêve à l'imagination ou la foi (Neptune); la richesse et les pouvoirs cachés (Pluton).

BON À SAVOIR

En astronomie, un astre est un corps céleste, au sens générique, tandis qu'une planète est un corps céleste non lumineux qui gravite autour d'une étoile. Toutefois, dans le domaine de l'astrologie, le Soleil et la Lune, qui sont des astres, sont considérés comme des planètes.

Chaque signe astrologique est soit lunaire, soit solaire, par alternance. De même, chaque signe est gouverné par une planète. Ces deux caractéristiques (lignée solaire ou lunaire, et planète mère), peuvent expliquer certaines particularités et affinités astrologiques.

♒ VOTRE SIGNE ASTROLOGIQUE EST-IL SOLAIRE OU LUNAIRE ?

✦ **Les signes de la lignée Soleil sont :** le Bélier, le Gémeaux, le Lion, la Balance, le Sagittaire, le Verseau.

✦ **Les signes de la lignée Lune sont :** le Taureau, le Cancer, la Vierge, le Scorpion, le Capricorne, le Poissons.

Les signes lunaires et solaires

Correspondances entre planètes et signes

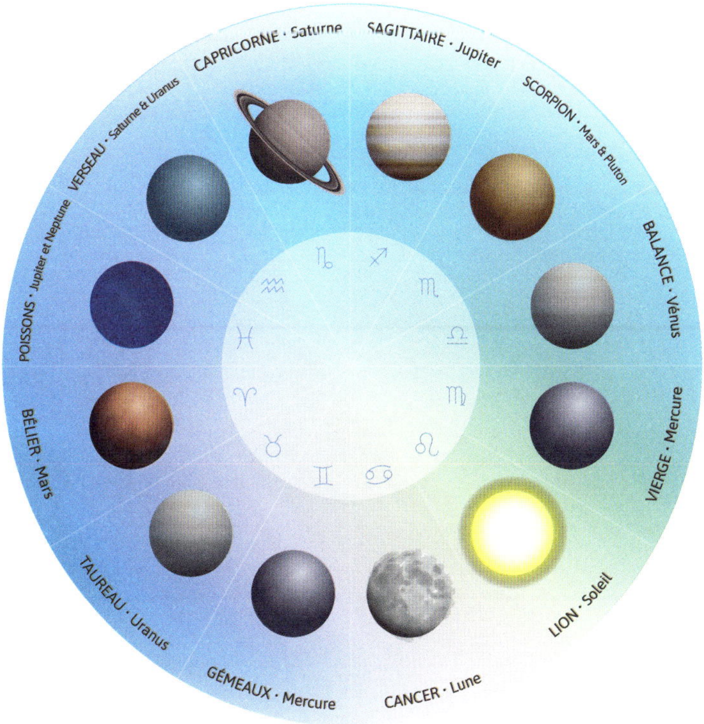

♒ QUELLE PLANÈTE GOUVERNE VOTRE SIGNE ASTROLOGIQUE ?

Chaque signe astrologique est gouverné par (ou associé à) une ou deux planètes. Il faut savoir qu'Uranus et Neptune sont des planètes qui ont été découvertes plus récemment dans l'histoire de l'astronomie, et Pluton n'est plus considérée comme une planète (on l'appelle parfois « planète naine »).

À noter qu'avant la découverte d'Uranus en 1781, le signe du Verseau était gouverné par la planète Saturne. De même, avant la découverte tout aussi fortuite de la planète Neptune, en 1846, le signe du Poissons était associé à la planète Jupiter, d'où l'influence d'un duo de planètes pour ces deux signes en astrologie. D'ailleurs, les astrologues associent à la découverte d'Uranus l'annonce de grands événements qui ont marqué l'humanité: la Déclaration d'indépendance des États-Unis, la Révolution française, la Déclaration universelle des droits de l'Homme...

Ce qu'il faut retenir sur les planètes

Chaque planète gravite à son propre rythme pour réaliser son tour autour du Soleil. Ainsi, on distingue les planètes rapides et les planètes lentes.

- **Les planètes rapides** (dites personnelles) sont le Soleil, la Lune, Mercure, Vénus et Mars. Elles influencent plus fortement les signes astrologiques.

  Leur temps de transit va de 28 jours pour la Lune à 1 an et 220 jours pour Mars.
- **Les planètes lentes** (dites collectives) sont Jupiter, Saturne, Uranus et Neptune.

  Elles restent dans un signe plus longtemps, et elles ont moins d'influence au quotidien. Leur temps de transit va de 12 à 249 ans.

En astronomie, les planètes sont des corps célestes gravitant autour du Soleil. En astrologie, on dit plutôt que chaque planète possède une personnalité qui influence le signe qu'elle gouverne.

MARS :
la planète du combat

Impact sur son signe associé, le Bélier : les natif·ves de ce signe sont doté·es d'un esprit fougueux et combatif, et peuvent parfois se montrer têtu·es et colériques. Ce signe, toujours dans l'action, ne lâche rien, il fonce d'abord, et réfléchit ensuite…

VÉNUS :
la planète de l'amour et de l'harmonie

Impact sur son signe associé, le Taureau : le goût des belles et bonnes choses.
Impact sur son autre signe associé, la Balance : le sens de la diplomatie, la recherche de l'harmonie dans tous les domaines.

MERCURE :
la planète de la communication

Impact sur son signe associé, le Gémeaux : bonne éloquence et grande capacité à convaincre.
Impact sur son autre signe associé, la Vierge : grande capacité d'analyse, d'anticipation et d'organisation.

LA LUNE :
l'astre de la nuit, le monde intérieur

Impact sur son signe associé, le Cancer : une grande sensibilité, un esprit rêveur, une profonde empathie.

LE SOLEIL :
l'astre du jour, la personnalité

Impact sur son signe associé, le Lion : une personnalité charismatique et fière. Ce caractère solaire aime briller et se faire remarquer.

PLUTON :
la planète des mondes invisibles

Impact sur son signe associé, le Scorpion : mystère, zones d'ombre à travailler, aura et grande sensibilité.
À noter : le Scorpion a aussi un caractère très colérique, lié à son autre planète de protection (avant la découverte de Pluton), Mars !

JUPITER : la planète de la puissance

Impact sur son signe associé, le Sagittaire : grande ouverture d'esprit, excessif dans sa générosité comme dans ses travers.

SATURNE : la planète de l'autorité

Impact sur son signe associé, le Capricorne : très respectueux des lois, grand travailleur, terre à terre, un vrai pilier.

URANUS : la planète de l'innovation

Impact sur son signe associé, le Verseau : liberté de pensée, et volonté de se libérer des contraintes et d'agir grâce à sa vision neuve sur le monde ; grande capacité à faire bouger les choses avec un petit côté rebelle qui n'a peur de rien.

NEPTUNE :
la planète de l'imaginaire et du mysticisme

Impact sur son signe associé, le Poissons : comportement rêveur et personnalité très intuitive.
À noter: avant la découverte de Neptune, le Poissons bénéficiait de la protection de la planète Jupiter, tout comme le Verseau bénéficiait de la protection de Saturne avant la découverte d'Uranus.

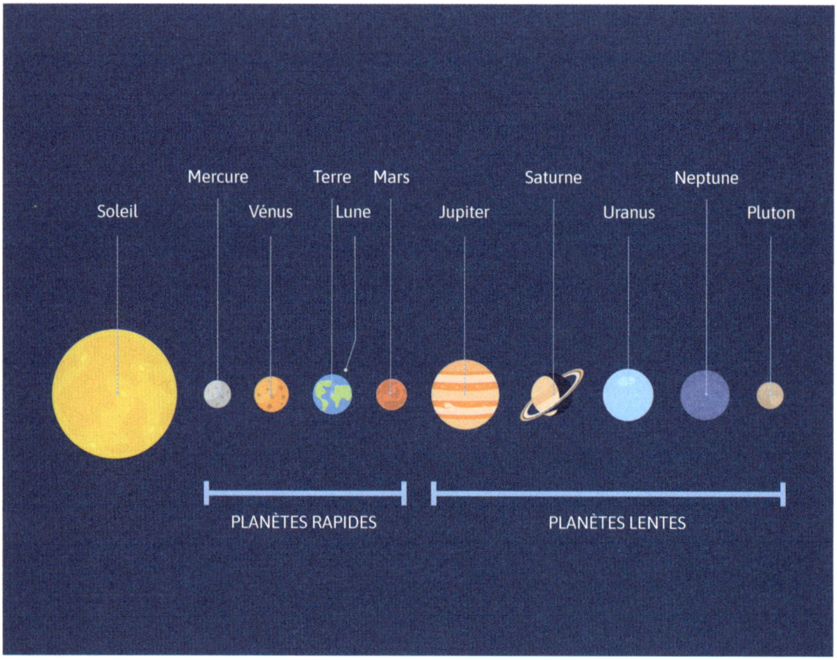

Ce qu'il faut savoir sur l'ère astrologique

La durée des ères

Une ère astrologique est une longue période qui s'étend sur 2 160 ans. Le passage d'une ère à une autre s'étale sur plusieurs siècles.

L'ordre des ères

Contrairement à la roue du zodiaque qui se lit dans l'ordre du Bélier au Poissons, et dans le sens inverse des aiguilles d'une montre, les ères zodiacales suivent un tout autre ordre. En effet, en ce qui les concerne, la lecture s'effectue suivant le sens des aiguilles d'une montre. Ainsi, comme l'indique le schéma ci-contre, nous remontons de l'ère du Poissons vers l'ère du Verseau. Suivront ensuite les ères du Capricorne et du Sagittaire, etc. Pour quelle raison ne suivons-nous pas le sens de lecture inversé de la roue du zodiaque ? Pour le savoir, il faut aller voir du côté du point vernal (toujours lui !), qui se déplace dans le sens inverse de la rotation du Soleil sur lui-même. Et c'est notre point de référence : le point vernal passe d'un signe à un autre tous les 2160 ans environ.

Les dates des ères

Assez curieusement, les dates relatives aux ères sont approximatives. D'ailleurs, tou·tes les expert·es ne sont pas d'accord. Mais pourquoi ? Tout d'abord, les ères s'étalant sur 2160 ans, les premières remontent à extrêmement loin et nous ne possédons pas ou peu de traces d'elles, à l'image des périodes de l'histoire très anciennes. Ensuite, il ne faut pas oublier que les douze constellations (ou treize selon certain·es astrologues) sont de taille variable. De plus, elles peuvent parfois se superposer. Affirmer avec certitude à quel moment précis une ère se termine et laisse place à la suivante serait donc beaucoup s'avancer.

Les ères zodiacales

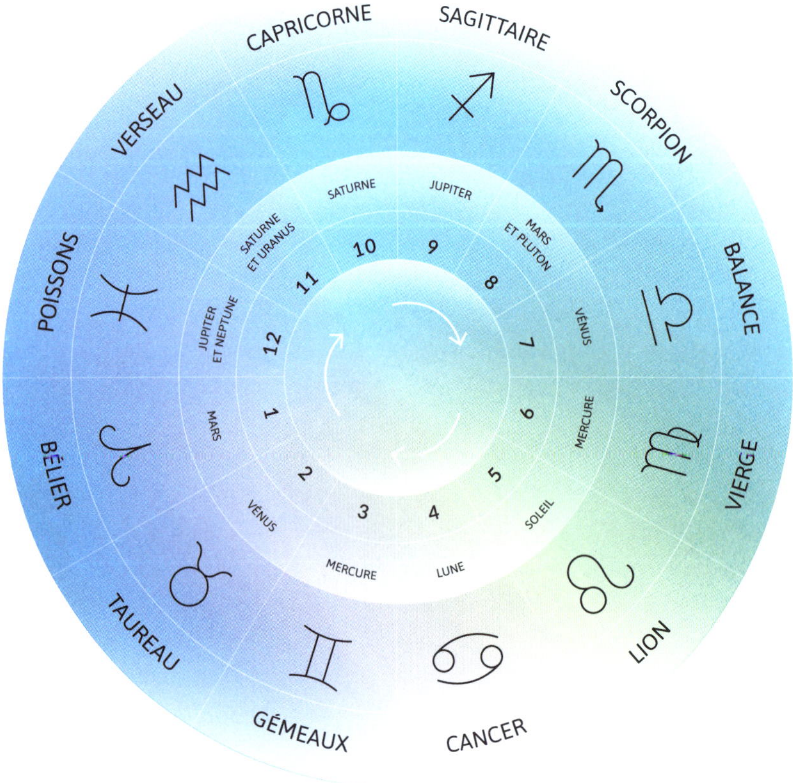

L'impact des ères

Une chose est sûre, l'arrivée d'une nouvelle ère annonce un changement qui aura un impact sur l'ensemble du vivant. Le passage d'une ère à une autre suppose l'effacement progressif des valeurs rattachées au signe correspondant et à sa planète maîtresse. Et celles-ci seront peu à peu remplacées par les traits du nouveau signe et de sa planète !

Ainsi, comme nous l'étudierons plus en détail, nous sommes en transition entre l'ère du Poissons (approximativement depuis la naissance de Jésus-Christ et du christianisme) et l'avènement de l'ère du Verseau (prévue autour de 2160). Ce passage de relais entre l'ère du Poissons et l'ère du Verseau suppose un changement de planète entre Neptune, la planète du mysticisme, de l'inconscient collectif et des grands idéaux, et Uranus, la planète de l'innovation et de la liberté, et un passage du signe du Poissons, rêveur et intuitif, au Verseau, hors normes, anticonformiste, créatif et épris de fraternité.

Toute véritable transformation sera précédée d'un grand moment d'inconfort. C'est là le signe que vous êtes sur le chemin.

AJAHN CHAH

Poissons, Bélier, Taureau… Les ères qui ont précédé celle du Verseau

Saisons, alternance jour et nuit… La vie est composée de cycles. Et l'astrologie n'échappe pas à la règle. Avant d'aborder l'ère du Verseau qui nous intéresse ici, faisons un rapide état des lieux des anciennes ères et des grands changements de l'humanité qui leur sont liés. Depuis l'apparition des humains sur Terre, sept ères se sont écoulées. Voici ce que nous savons sur les ères qui ont précédé celle du Poissons, dans laquelle nous évoluons actuellement.

Comme, selon les principes de l'astrologie, chaque individu est marqué par la position des planètes le jour de sa naissance, on peut tout à fait étendre ce présupposé à une échelle plus grande, celle de l'humanité. Comme l'explique Ernest Webb dans son ouvrage de référence sur l'ère du Verseau[1] : « Ce qui est vrai individuellement peut être généralisé, pourvu qu'on prenne alors en compte des éléments d'une dimension supérieure. Ainsi, pour analyser les circonstances astrologiques qui président la naissance d'une civilisation, ou d'une religion, on tiendra compte du déroulement des ères astrologiques. Celles-ci sont en fonction du point vernal. »

1. *Comprendre l'ère du Verseau*, Ernest Webb, Marabout, 1982, p. 16. Sur Internet, peu de sources évoquent les différentes ères et leur impact sur le monde. En voici une, aux propos clairs et documentés : https://www.ecole-astrologie.com/encyclopedie/ere-du-verseau/

♓ L'ère du Poissons

Dates

C'est celle que l'on connaît le mieux, puisque c'est notre ère actuelle. Elle débute aux alentours de la naissance de Jésus-Christ. Certain·es évoquent un début en 160 avant J.-C., d'autres le situent plutôt autour de l'an 1. Elle se terminerait vers 2160. L'avènement de cette ère correspond à la naissance et à l'expansion du christianisme.

Symboles forts

D'ailleurs, symboliquement, les poissons sont attachés à la religion du Christ : les premiers fidèles en avaient fait un signe de reconnaissance. Parmi les premiers miracles de Jésus figurent la pêche miraculeuse de Simon (qui deviendra l'apôtre Pierre), ainsi que la multiplication des pains (et des poissons). Enfin, Jésus est né d'une Vierge. Or, dans la roue du zodiaque, la Vierge est à l'opposé du Poissons.

Les spécialistes attribuent à cette ère de nombreuses caractéristiques, comme celles de l'éveil spirituel, de l'ouverture du chakra du cœur, de la prépondérance des dogmes, du développement des religions monothéistes, de l'âge d'or des religions, de l'explosion du matérialisme...

♈ L'ère du Bélier

Dates

Les dates approximatives de cette ère couvrent la période de 2320 avant J.-C. à 160 avant J.-C., ou aux alentours de 2150 avant J.-C. à la naissance de Jésus-Christ, selon la plupart des spécialistes.

Symboles forts

Symboliquement, on évoque l'épisode du sacrifice d'Isaac, dans la Genèse, durant lequel Dieu demande à Abraham de lui offrir son fils en sacrifice. Abraham s'apprête à le faire, lorsque Dieu, satisfait de sa foi, remplace finalement Isaac par un bélier.

En Égypte, les pharaons règnent en maîtres, de Ramsès Ier à Ramsès III. Ces noms sont dérivés du terme celte (toujours utilisé en anglais) *Ram* (« bélier »). D'ailleurs, toujours en Égypte, le dieu-bélier Amon remplace le culte du dieu-taureau Apis. À l'image du bélier, animal belliqueux, cette ère a été marquée par beaucoup de violence pour l'humanité, par des guerres, des conquêtes, notamment avec les nouveaux empires de Nabuchodonosor II et d'Alexandre le Grand.

♉ L'ère du Taureau

Dates

La période s'étend entre 4000 et 2000 avant J.-C.

Symboles forts

Le culte du Taureau s'accompagne de celui des déesses gréco-romaines: Diane/Artémis (déesse de la chasse et de la fécondité), Aphrodite/Vénus (déesse de l'amour, de la beauté et de la sexualité), Athéna (déesse de la guerre et de la sagesse). Et ajoutons que dans l'*Iliade* et l'*Odyssée*, Homère décrit à plusieurs reprises le sacrifice de taureaux.

Le grand changement de cette période, calme et constructive, est l'avènement de l'agriculture (avec l'image du bœuf-outil dans les campagnes). En Égypte, les premières dynasties prospèrent avec la construction de temples fastueux. Sécurité, luxe et beauté... autant de caractéristiques que l'on retrouve d'ailleurs dans la symbolique du signe du Taureau.

♊ L'ère du Gémeaux

Dates

De 6000 à 4000 avant J.-C.

Symboles forts

On trouve les premières traces de signes et autres symboles dessinés sur des pierres ou des objets humains, datant de la fin de l'ère du Gémeaux chez les Égyptiens (sur les jarres) et les commerçants sumériens.

Cette ère voit les prémices de la communication et des échanges, avec l'arrivée de l'écriture et l'invention de la roue. En astrologie, le signe du Gémeaux est reconnu pour sa facilité à communiquer et la place prépondérante qu'il accorde à l'esprit et à l'intellect.

♋ L'ère du Cancer

Dates

De 8000 à 6000 avant J.-C.

Symboles forts

Cette ère évoque l'importance du foyer, lié également aux caractéristiques du signe, le Cancer étant le signe le plus casanier et le plus attaché à la notion de famille. Cette très ancienne ère est marquée par la sédentarisation, la construction des premiers habitats, notamment les premières communautés primitives en Asie (Chine et Inde).

♌ L'ère du Lion

Dates

10000 à 8000 avant J.-C.

Symboles forts

C'est la plus ancienne des ères sur laquelle nous pouvons nous pencher. L'ère du Lion marque le début de l'art, avec les premiers dessins préhistoriques, qui dénotent une certaine créativité. Elle est également caractérisée par l'importance du Soleil (pour rappel, c'est le symbole du signe du Lion) comme source d'énergie et de protection face aux ères glaciaires. On peut aussi noter les premières traces de dessins et peintures préhistoriques dans les grottes.

L'importance de « l'entre-deux-ères »

Si l'on devait se représenter une ère, on évoquerait de grandes périodes de la vie: l'enfance, l'âge adulte, la vieillesse. Et, en raisonnant ainsi, il est inconcevable d'imaginer passer d'un âge à un autre sans transition. On ne s'endort pas enfant pour se réveiller adulte. Il y a, entre les deux phases, la période tumultueuse de l'adolescence.

De la même façon, le passage d'une ère à une autre est une période très agitée. Nous l'avons vu précédemment, il faut 25 920 ans à la Terre pour traverser en mouvement dit rétrograde (à l'envers) les douze constellations. En raison du décalage d'un degré tous les 72 ans, notre planète met donc 2160 ans pour traverser chaque signe du zodiaque, d'une part à l'autre. Comme les constellations ne sont pas parfaitement identiques – certaines sont plus grandes que d'autres, d'autres sont séparées par des espaces de taille colossale, et enfin quelques-unes se superposent –, aucun·e expert·e ne sait déterminer avec précision quand commence et quand finit une ère. Une chose est sûre, on ne passe pas d'une ère à une autre sans un long entre-deux, et la transition entre deux ères dure plusieurs siècles: une éternité à l'échelle humaine, mais un détail à l'échelle du temps galactique!

La fin d'une ère et le début d'une autre correspondent à chaque fois à une étape cruciale de transition, avec des périodes très agitées, annonciatrices de grands changements à venir.

L'influence du nouveau signe devient de plus en plus forte par rapport à l'ancien signe. En ce qui nous concerne, les caractéristiques du Verseau prennent ainsi de plus en plus le pas sur celles du Poissons. Le Verseau, signe d'Air, gouverné par Uranus, est un signe rebelle et non-conformiste, épris de liberté et tourné vers les autres. Le Poissons est un signe d'Eau, gouverné par Neptune, sensible et introverti.

Nous verrons plus en détail dans les parties suivantes l'impact de ces caractéristiques sur les humains et à une échelle plus individuelle. Nous sommes actuellement en pleine mutation.

L'entre-deux-ères exige de posséder une certaine capacité d'adaptation, d'abandonner les anciennes règles pour en apprendre de nouvelles, de remettre en question ses acquis pour s'ouvrir à de nouvelles connaissances, de se questionner pour se mettre en chemin...

L'ère du Verseau : dates et perspectives

De nombreuses questions restent encore en suspens au sujet de la nouvelle ère qui va succéder à celle du Poissons.

Quand commence précisément l'ère du Verseau ?

Les expert·es ne sont pas d'accord quant à la date officielle du début de cette nouvelle ère. Cependant, la majorité penche pour une entrée dans l'ère du Verseau autour des années 2160, ce qui correspondrait aux 2160 ans de plus par rapport à l'avènement de Jésus-Christ. Certain·es pensent plutôt aux années 2000 (changement de millénaire), et d'autres aux années 2020 (crise mondiale du Covid-19).

Pourquoi y a-t-il des discussions sur la date d'entrée dans l'ère du Verseau ?

Le chevauchement entre deux ères peut s'étaler sur plusieurs siècles, le passage ne s'effectue pas de manière brutale. Ainsi, nous sommes plus vraisemblablement, dans notre période actuelle, en transition entre l'ancienne et la nouvelle ère, ce qui expliquerait les grands chamboulements présents. Dans *Le grand guide de l'ÊTRE*[1], Lise Bourbeau explique que « [l']ère du Verseau est aussi appelée l'ère des temps NOUVEAUX. C'est le temps de rebâtir un monde nouveau, un Univers où l'humain est appelé à faire un grand bond dans l'évolution de l'être. C'est la période où l'humain passe de l'involution à l'évolution, de l'inconscience à la conscience, de l'intellect à l'intelligence, du normal au naturel ».

Quelles sont les caractéristiques du Poissons, l'ère que nous quittons ?

Le signe du Poissons est relié à l'élément Eau (symboliquement, cet élément représente l'imagination, les sentiments, la connaissance…). Parmi les caractéristiques du Poissons – l'un des signes les plus émotifs du zodiaque –, on retrouve l'intuition, la compassion et la sensibilité. Dans cette ère, l'évolution est dite verticale : on inculque des idées aux humain·es (dogme, pouvoir, hiérarchie).

1. *Le grand guide de l'Être*, Lise Bourbeau et Micheline St-Jacques, ETC, 2003, p. 263.

Quelles sont les caractéristiques du Verseau, l'ère dans laquelle nous entrons ?

Le signe du Verseau est relié à l'élément Air (symboliquement, cet élément représente la légèreté et la fluidité au niveau de la communication). Le signe du Verseau est connu pour son originalité, son esprit d'indépendance, sa pensée anticonformiste et sa recherche d'un monde idéal, sans oublier son sens de la fraternité. Ce signe rebelle, épris de liberté (de pensée comme d'action), nous apporte de nouvelles réponses à des questionnements intérieurs.

Dans cette ère, l'évolution est dite horizontale, on met notre personne au service de la collectivité. Ainsi, contrairement à l'ère du Poissons, la nouvelle ère du Verseau est tournée, elle, vers l'humain, et des valeurs comme la solidarité, la créativité et la spiritualité (différente de la religion). C'est le collectif qui l'emporte sur l'individualisme.

Tou·tes les spécialistes du sujet s'accordent pour dire que le changement considérable entre les deux ères se situera dans le contact avec la part divine de l'humain, c'est-à-dire la part de nous-mêmes reliée au sacré, au divin, au non-humain.

Nous quittons l'ère du Poissons avec l'essor des religions pour entrer dans l'ère du Verseau avec l'éclosion de la spiritualité. Cette nouvelle ère va nous permettre de nous réapproprier notre nature profonde. La nouvelle ère qui nous attend sera ainsi l'occasion de nous réapproprier notre relation avec plus grand que nous.

Dans cette nouvelle ère, les religions, les règles et les dogmes n'auront ainsi plus le monopole du dialogue et de la transmission des messages de Dieu, de la Source ou de l'énergie, selon vos croyances. Pendant des siècles, les règles strictes du religieux se sont interposées entre nous et le sacré. La nouvelle ère nous invite à redécouvrir la part divine qui existe en chacun·e et qui nous ouvre l'accès à la connaissance intérieure sans dogmes, un vrai virage vers la liberté d'être, de penser et de vivre. Ce nouveau paradigme offre la possibilité de laisser éclore dans tous les pans de vie l'amour inconditionnel.

Quel est l'impact de cet « entre-deux-ères » sur nous ?

Cette transition annonce une grande période de chamboulements intérieurs, de questionnements sur le plan individuel pour les personnes qui sont le plus influencées énergétiquement par le changement de signes.

Que faut-il retenir de l'essence de l'ère du Verseau ?

La recherche de la vérité

Toujours à la recherche de la vérité, le Verseau va lever le voile sur ce qui est caché et mettre fin aux secrets. Le Verseau est un signe franc, qui n'aime pas naviguer en eaux troubles.

La technologie

La nouvelle ère va s'accompagner de l'essor de la technologie au service du plus grand nombre, comme pour libérer l'humanité de certaines tâches.

L'importance de la spiritualité

Dans cet ouvrage, nous aborderons souvent la thématique de la spiritualité. Effectuons une petite mise au point avant d'aller plus loin: la spiritualité est envisagée comme un état d'esprit d'ouverture vers certains principes liés à l'esprit et au sacré. Il s'agit d'un cheminement intérieur à la recherche du divin (en comparaison à ce qui est humain), une force supérieure, une énergie, la vie, l'Univers sans aucune connotation religieuse.

D'ailleurs, le mot spiritualité vient du latin *spiritualis*, qui signifie «relatif au souffle». Ce concept évoque l'immatériel et la dimension intérieure de chaque être. Dans ce sens, le mot employé dans cet ouvrage évoque plus une quête personnelle, une recherche de sens et de reconnexion avec autre chose que notre simple ego. La spiritualité ne s'attache à aucune religion en particulier. Les religions offrent un cadre précis, des règles à suivre, des dogmes à accepter. La spiritualité est un processus personnel de questionnement, d'introspection et de création de ses propres vérités, liées à un éveil de la pensée ou à des expériences vécues. Sans dogme, elle s'adapte à chacun·e d'entre nous: ainsi, on peut être spirituel·le et adhérer à une religion, tout comme être spirituel·le sans adhérer à une religion. Certain·es seront spirituel·les dans leurs pensées, d'autres dans leurs actions, et d'autres encore dans leur être tout entier. Il n'y a aucun jugement, ni choix supérieur à un autre, chacun·e est invité·e à trouver sa propre voie.

L'ouverture vers les autres, l'importance du collectif sur l'individuel

Ce questionnement vers le divin en soi passe par la prise en charge de l'intérêt du collectif. Le Verseau est aussi extraverti que le Poissons est introverti. L'humain (représenté par le personnage qui verse l'eau, c'est-à-dire la connaissance) reprend sa juste place parmi ses semblables.

Entretien avec Claire-Soumya Kerouanton, astrologue, formée à l'astrologie traditionnelle et karmique

Elle est aussi l'autrice de l'ouvrage *Astro Karma, Guide d'éveil pour connaître ses vies antérieures et son chemin de vie grâce à l'astrologie karmique* (2023, Éditions Exergue), et de l'oracle *Mon Oracle Astro* (2024, Éditions Exergue). Retrouvez-la sur son site Internet: https://www.baladeauclairdelune.com/

Comment définiriez-vous la période actuelle ?

Avant d'évoquer l'entrée dans l'ère du Verseau (qui aura lieu aux alentours de 2160), ce qui attire le plus mon attention en tant qu'astrologue – car cela a un énorme impact sur nos vies –, c'est l'entrée de Pluton dans le signe du Verseau, le 19 novembre 2024, pour 19 ans, jusqu'au 9 mars 2043. Nous vivons donc, en quelque sorte, une avant-première de l'ère du Verseau. Cette période va être très « chamboulante » et va, petit à petit, nous emmener vers une nouvelle ère, celle du Verseau.

Que pouvez-vous nous dire sur Pluton qui est entré en Verseau ?

Pluton est la planète de la transformation, et en astrologie, le Verseau représente notre peuple, la société, le collectif. Nous sommes à l'aube d'une transformation majeure de notre société. Le Verseau est aussi un signe astrologique qui représente la rébellion, la liberté et les nouvelles technologies. Nous avons pu d'ailleurs remarquer ces derniers temps ces changements dans notre société, avec notamment l'arrivée de l'intelligence artificielle. Selon une étude de deux universitaires de Yale et Harvard, il y aurait une chance sur deux que l'intelligence artificielle dépasse l'intelligence humaine, que ce soit au niveau professionnel, mais également dans notre quotidien. À nous de savoir ce que nous allons faire de cette énergie. Allons-nous l'utiliser à bon escient ou allons-nous laisser les nouvelles technologies prendre le dessus sur l'humanité ? C'est une vraie question de fond ! Par ailleurs, Uranus est la planète maîtresse du signe du Verseau. Elle nous amène à défendre les causes qui nous tiennent à cœur, à réunir le collectif pour faire entendre nos voix, à se tourner vers le futur pour changer les choses et à s'ouvrir à un autre monde. Si je devais donner une image de la période actuelle, je dirais que c'est le ou la visionnaire qui ouvre son esprit à tout changement nécessaire à son évolution et qui viendra bousculer les codes et les conventions si nécessaire pour aller, si elle ou il le souhaite, vers un avenir plus fraternel.

Quel va être l'impact de cet entre-deux-ères sur les signes astrologiques ?

Les signes les plus affectés par ce transit sont le Verseau, le Lion, le Scorpion et le Taureau. Quand je parle de signe, il peut s'agir du signe solaire, mais aussi de son ascendant. Les personnes qui ont ces signes dans leur thème (en signe principal ou en ascendant) peuvent s'attendre à des transformations majeures, qui bousculent, mais qui seront nécessaires à une nouvelle prise de conscience. À l'exception du Poissons et, dans une moindre mesure, du Capricorne (les deux signes qui entourent le Verseau dans la roue du zodiaque), la Vierge et le Cancer (les deux signes qui sont face au Verseau dans la roue du zodiaque), les autres signes astrologiques vont également être affectés, mais pas de la même manière. Voici un récapitulatif du type d'impact prévu, aussi bien dans la vie personnelle que professionnelle, pour vous faire une idée du changement radical de vie que ce transit majeur en Verseau peut entraîner. C'est le signe du Verseau qui conduit à cette prise de conscience, à cette liberté, à cette façon aussi de raisonner qui s'annonce différente…

- Prise de conscience en amour : le Lion, la Balance
- Prise de conscience en amitié : le Bélier
- Prise de conscience au niveau familial : le Scorpion
- Prise de conscience dans son travail : le Taureau, la Vierge et le Capricorne

- Prise de conscience dans tous les domaines : le Cancer
- Prise de conscience spirituelle : le Gémeaux et le Poissons
- Prise de conscience relationnelle et dans son entourage : le Sagittaire
- Prise de conscience de retrouver son vrai soi : le Verseau

Quels conseils pouvez-vous donner à nos lecteur·ices ?

Pour traverser ce transit de la meilleure façon qui soit et se préparer à cet entre-deux-ères, il faut bien s'entourer : passer du temps avec ses ami·es, s'offrir des introspections sincères, mais aussi être dans le partage et l'humanisme, rejoindre une association, réfléchir à de nouveaux projets... Côté spiritualité, c'est aussi le moment de se positionner par rapport à tout ce que l'on dit, trouver sa propre vérité, en dedans de soi. On peut trouver cette conscience à l'intérieur de soi. Avec Uranus, considéré symboliquement comme le dieu du ciel, on reste en lien avec le cosmos et avec l'Univers qui est déjà en nous.

Quel livre inspirant conseillez-vous pour mieux comprendre les enjeux actuels ?

Sans hésiter, *Un homme debout*, de Franck Lopvet (Éditions Pocket). C'est une invitation à se remettre en question et à se repositionner, pour revenir à soi.

PARTIE 2

Cultiver sa singularité et écrire son histoire personnelle

Si l'ère du Verseau place l'individu au centre de tout et au service de tou·tes, il est important pour chacun·e de trouver sa raison d'être et d'exister, pour laisser s'exprimer sa créativité et trouver sa juste place. Mais comment profiter de cette transition d'une ère à l'autre, pour quitter l'avoir et aller vers l'être ? C'est l'histoire de toute une existence, voire de plusieurs incarnations terrestres ! Dans cette partie, nous allons nous pencher sur la mission de vie, la singularité et l'histoire personnelle de chacun·e.

Grandissez *spirituellement* et *aidez* les autres à le faire. C'est le *sens* de la vie.

LÉON TOLSTOÏ

Trouver sa mission de vie

Dans les discussions des milieux de réflexion spirituelle et de développement personnel, la notion de mission de vie émerge. Selon plusieurs croyances, issues notamment de l'hindouisme, l'âme s'incarnerait sur Terre pour vivre des expériences de transformation et accomplir une mission de vie dans cette existence, afin de mieux assimiler certains concepts et comprendre certaines leçons. La mission de vie actuelle viendrait compléter l'apprentissage de l'âme.

LE POINT SUR LE VOCABULAIRE

L'âme : venant du mot latin *anima*, qui signifie littéralement « souffle », et qui désigne par extension le principe vital analogue au souffle ou à la respiration, l'âme est cette essence invisible et immatérielle qui anime l'être incarné dans un corps. C'est le siège de l'activité psychique et des états de conscience de chacun·e. Elle peut être attirée vers le haut (spirituel) ou vers le bas (matière). Le philosophe Descartes associait l'âme à la conscience et à la pensée, en l'opposant au corps physique.
À ne pas confondre avec...

L'ego : l'âme a pour voisin l'ego, mot issu du latin et signifiant « moi ». Quand l'ego commande, l'individu ne pense qu'à sa survie (éviter coûte que coûte de mourir) et oublie l'essentiel pour vivre et se réaliser dans cette vie. L'ego fonctionne en mode binaire: noir/blanc, bien/mal, moi/les autres.

L'esprit : il transcende le corps humain et l'âme. Pour le *Larousse* en ligne, il s'agit de la « partie incorporelle de l'être humain, par opposition au corps, à la matière ». On a tendance à le confondre avec l'âme, or l'esprit correspond plus à la partie spirituelle de l'être humain, celle associée au monde divin. On a aussi tendance à le confondre avec les pensées et le mental.

Le mental : il représente l'ensemble des pensées, conscientes ou inconscientes, et des émotions qui nous traversent. L'ego se sert de notre mental pour exister. Le mental alimente l'ego.

Le soi : c'est notre être spirituel essentiel, englobant le corps, l'âme et l'esprit.

Qu'est-ce qu'une mission de vie ?

On a souvent tendance à confondre mission de vie et profession. Une mission de vie est ce qui nous fait vibrer au quotidien, ce qui recharge nos batteries, ce qui nous donne force et courage. Par exemple, vous pouvez très bien avoir pour mission de vie « d'aider votre prochain » et agir ainsi comme bénévole dans plusieurs associations, travailler en milieu hospitalier et être un·e ami·e sur lequel ou laquelle on peut compter en toutes circonstances. Cette mission de vie n'a pas forcément un caractère exceptionnel (comme devenir le premier président noir des États-Unis, la première femme à aller dans l'espace ou le premier patient à recevoir une greffe du cœur...). Une mission de vie englobe tous les pans de notre vie (personnelle, professionnelle, spirituelle). Certaines personnes pensent que chaque humain a une mission de vie singulière, comme une vocation, un appel de l'âme, une raison d'exister. D'autres spécialistes soutiennent qu'on peut avoir plusieurs missions de vie, ou que la mission de vie n'est pas clairement évidente, mais apparaît en filigrane lorsque l'on dresse une rétrospective de sa vie (voir l'entretien avec Léa Lezé page 103). La mission de vie est une notion hautement spirituelle, puisqu'elle sous-entend qu'elle a été décidée avant notre incarnation, confiée par nos différents guides et protecteurs. Cela ne signifie pas que nous n'avons pas de libre arbitre et que nous ne sommes pas acteur·ices de nos vies. Cela veut dire que la mission de vie fait partie de notre plan d'incarnation, et que notre venue sur Terre a notamment pour dessein de la découvrir, de la vivre et de nous épanouir. En effet, le but de notre existence est de vivre des expériences, d'apprendre et de progresser en suivant un certain plan d'évolution à la fois personnel et secret. Et c'est un plan que nous pouvons faire évoluer à chaque seconde, en prenant nos propres décisions.

AVONS-NOUS TOU·TES DES GUIDES ET DES PROTECTEUR·ICES ?

Du grec ancien *angelos*, c'est-à-dire « messager », les anges sont des messagers divins. Mais de l'ange gardien à l'archange, ces êtres spirituels, hautement élevés sur le plan vibratoire, évoluent sur un autre plan de conscience, ils ne sont pas situés sur le plan terrestre comme nous. Le monde angélique est très riche. D'ailleurs, il n'existe pas un ange, mais des anges.

Votre ange gardien personnel : c'est l'ange qui vous accompagne tout au long de votre existence, qui vous connaît par cœur et vous suit comme un garde du corps. Il se tient toujours à vos côtés, mais, si vous souhaitez qu'il vous aide, vous devez lui donner l'autorisation de le faire (le libre arbitre de chacun·e est toujours présent !) en lui demandant de l'aide. Seule exception au libre arbitre : il est autorisé à intervenir si vous êtes en danger de mort et que ce n'est pas encore votre heure... Cet ange est très réactif et n'attend que vous !

Votre ange de naissance : c'est un des 72 anges célestes appartenant à une des 9 familles angéliques (les Séraphins, les Chérubins, les Trônes, les Dominations, les Puissances, les Principautés, les Vertus, les Archanges et les Anges). Il vous est attribué en fonction de votre date de naissance, et vous le partagez avec toutes les personnes nées le même jour que vous. Chaque ange de naissance possède sa particularité et son domaine de compétence. En cas de besoin, vous pouvez demander de l'aide à votre ange de naissance, ou à un autre ange plus spécialisé dans votre requête. Par exemple, l'ange Lauviah I (ange de naissance des personnes nées du 11 au 15 mai), en plus de favoriser l'éveil et la vie spirituels, soutient les jumeaux et les poètes. L'ange Haaiah (ange de naissance des personnes nées du 28 juillet au 1er août) vole au secours des personnes victimes d'escroquerie et épaule les métiers liés à la justice. Alors que Yehuiah (ange de naissance des personnes nées du 3 au 7 septembre) favorise la prise de parole sans stress et facilite la communication entre le monde des vivants et celui des morts. Le monde angélique est tellement fascinant ! Vous pouvez obtenir un précieux soutien pour n'importe quelle problématique terrestre, ils sont là pour vous aider à cheminer dans la vie.

Vos guides spirituel·les : plusieurs guides nous accompagnent au cours de notre existence, ils se relaient en fonction de nos épreuves à vivre, nos étapes de vie à franchir, notre éveil spirituel... À l'inverse des anges de naissance, on ne connaît pas leur nom, vous pouvez les appeler et vous adresser à eux en utilisant les mots « Cher·ère Guide », « Mon/ma Guide », ou toute autre désignation qui vous inspire. Ils interviennent par les élans de fulgurance ou d'inspiration qui nous traversent, les mots qui arrivent sans que l'on sache vraiment de quelle façon. Nos guides spirituel·les nous transmettent leur expertise dans leur domaine et nous offrent tout leur savoir.

Les archanges : avec nos yeux d'humains, les archanges sont un peu les chefs des anges, car ils se situent en haut de la pyramide de chaque famille angélique. Ils sont surtout complémentaires au chœur angélique qu'il gouverne. Vous pouvez également les invoquer pour leur demander un soutien. Les archanges les plus connus sont l'archange Gabriel, l'archange Raphaël ou encore l'archange Michaël. Leur suffixe en «el» signifie «celui qui est comme Dieu (ou à l'image de Dieu)».

Les maîtres ascensionnés : encore un cran au-dessus des archanges se trouvent les maîtres ascensionnés. Ils se servent de personnes qu'on appelle *channel* (ou canal) pour transmettre des messages de paix et d'espoir à toute l'humanité (voir l'entretien avec Éric Fauroux, page 134). On dit qu'ils connaissent très bien les humains, car ils ont eux-mêmes vécu plusieurs incarnations humaines et fait l'expérience de la matière. Les plus connus? Jésus (guérison de tous les maux), Bouddha (recherche de stabilité) ou encore Maître Saint-Germain (transformation interne, élévation de l'âme). Les maîtres ascensionnés œuvrent désormais en coulisses pour accompagner les humains sur le chemin de leur propre évolution spirituelle.

Comment savoir si je vis ma mission de vie ?

Cette grande interrogation peut survenir lors de crises existentielles, comme un burn-out, la crise de la quarantaine ou un bouleversement dans sa vie (divorce, licenciement, déménagement...). Elle est très fréquente, car elle résonne aussi avec cette période particulière de transition entre deux ères. Cette interrogation très personnelle invite à vous mettre à l'écoute de vos ressentis et à vous poser quelques questions, parfois dérangeantes. Votre travail vous apporte-t-il satisfaction? Nourrissez-vous correctement votre âme? Savez-vous poser les justes limites en respectant vos besoins? Êtes-vous dans l'authenticité dans vos rapports amicaux? Vivez-vous une histoire d'amour harmonieuse en dehors de toute manipulation et tentative d'emprise? Développez-vous au quotidien vos talents personnels? Mettez-vous vos talents au service des autres? Comment vous sentez-vous dans cette vie-là?

C'est en répondant honnêtement à ces questions que vous verrez si, oui ou non, vous vous trouvez à votre juste place. Cela vous permettra aussi de réajuster quelques pans de votre vie (personnelle ou professionnelle) pour mieux être aligné·e selon vos besoins. Cependant, toutes ces interrogations ne doivent pas non plus vous empêcher de vivre et d'accomplir chaque jour votre mission.

♒ FAITES LE POINT SUR VOTRE MISSION DE VIE

Munissez-vous d'un cahier et préparez-vous à répondre honnêtement à toutes les questions relatives à votre mission de vie. Explorez tous les pans de votre vie, à la fois privée, professionnelle et intime.
Inspirez-vous de la liste suivante, en prenant le temps de développer vos réponses. D'ailleurs, vous pouvez même intégrer des pauses de réflexion et d'introspection entre chaque question :

- Votre travail vous apporte-t-il satisfaction ?
- Nourrissez-vous correctement votre âme ?
- Savez-vous poser les justes limites en respectant vos besoins ?
- Privilégiez-vous l'authenticité dans vos rapports amicaux ?
- Vivez-vous une histoire d'amour harmonieuse en dehors de toute manipulation et tentative d'emprise ?
- Développez-vous au quotidien vos talents personnels ?
- Mettez-vous vos talents au service des autres ?
- Comment vous sentez-vous dans cette vie-là ?

Après cette première étape, si vous ne vous sentez pas aligné·e avec votre mission de vie, prenez le temps d'imaginer votre existence idéale, en dehors de toute considération pécuniaire. Qu'aimeriez-vous faire de votre vie si vous aviez les pleins pouvoirs ? Un tour du monde, ou partir vers une destination très lointaine au soleil, répondrez-vous très

certainement. Très bien, mais une fois ces grandes vacances terminées, qu'est-ce qui vous occupera sur le long terme ?
Si vous éprouvez des difficultés à trouver une réponse à cette dernière question, réfléchissez à ce qui vous animait quand vous étiez enfant. Petit·e, quels étaient les rêves que vous caressiez ? Quelles activités vous mettaient en joie ? C'est en vous reconnectant à cette part enfouie à l'intérieur de vous que vous retrouverez le fil de votre existence. Vous pouvez aussi réfléchir et chercher quels sont vos talents cachés. Nous possédons tous des talents, et reconnaître vos aptitudes particulières vous aidera aussi à déterminer le sens de votre existence. Pour cela, listez toutes les activités auxquelles vous vous adonnez facilement et avec plaisir. Pensez aussi aux différentes raisons pour lesquelles vos ami·es et vos connaissances vous sollicitent... Vous pourriez être surpris·e !

MISSION DE VIE ET TRAVAIL, EST-CE LA MÊME CHOSE ?

Ne le nions pas, nous avons souvent tendance à réduire la mission de vie au plan professionnel de notre existence, et ce raisonnement est au fond assez compréhensible, car l'humain accorde au travail une place importante. D'ailleurs, à la question « Que faites-vous dans la vie ? », nous répondons en mentionnant notre profession, alors que cela pourrait englober d'autres pans de notre existence.
La mission de vie peut, certes, concerner le travail, mais ce n'est pas obligatoire. Prenons l'exemple de Paula, institutrice en CM2. Son métier d'enseignante pourrait signifier que sa mission de vie est la transmission du savoir. Cela peut tout à fait être le cas si Paula, pendant son temps libre, poursuit dans cette voie de transmission. Par exemple, elle pourrait

être bénévole dans une association pour personnes illettrées, et pourquoi pas proposer de l'aide aux devoirs à des enfants socialement en difficulté. Dans cette configuration, la vie de Paula correspond bien à la mission de vie autour de la transmission du savoir.

Mais imaginons maintenant que Paula passe son temps libre dans une association qui accueille des femmes victimes de violences conjugales et les aide dans leurs démarches administratives pour trouver un logement et un avocat. Paula n'est plus dans la transmission du savoir. Et ensuite, supposons qu'une fois de retour chez elle, Paula veille au bien-être de sa voisine âgée (en faisant les courses et le ménage pour celle-ci). On pourrait donc analyser la vie de Paula autrement et se dire qu'elle fait sans doute partie des personnes « aidantes » et non pas simplement « sachantes ».

On pourrait alors se demander comment Paula se comporte en tant qu'enseignante, et peut-être constater, qu'au-delà de transmettre le savoir académique, cette institutrice a une façon bien à elle de mettre en confiance les jeunes enfants et de les préparer mentalement à leur passage au collège et à leur vie d'adulte, en les aidant par exemple à trouver leur propre voie.

Développer l'amour de soi pour vivre son plein potentiel

Nous avons chacun·e une ou des missions de vie à accomplir tout au long de notre existence. Nous ne nous retrouvons jamais entre deux missions de vie, nous sommes chaque seconde en train d'œuvrer, souvent sans le savoir d'ailleurs ! À partir de là se pose la question du « comment » ? Comment trouver sa mission de vie, et surtout comment la vivre pleinement ? La réponse à cette question existentielle se trouve dans un précepte à la fois simple et compliqué : l'amour de soi.

Comment définir l'amour de soi ?

Ce concept, qui englobe à la fois la confiance en nous (dans nos capacités à faire) et l'estime de nous (dans nos capacités à être), est souvent mal compris et confondu avec l'égoïsme. Selon le *Larousse* en ligne, l'égoïsme consiste à porter un « attachement excessif à soi-même et à ses intérêts, au mépris des intérêts des autres ». Or, l'amour de soi, intimement lié à notre rapport à nous-mêmes, prédétermine, par ricochet, nos relations aux autres :

- Si l'on ne s'aime pas soi-même, comment peut-on aimer d'un amour véritable (sans attendre quelque chose en retour) les autres ?
- Si l'on ne sait pas s'apporter toute l'attention dont nous avons besoin, n'allons-nous pas attendre des autres qu'ils « comblent » nos manques ?
- Si l'on ne cultive pas l'amour de soi, comment respecter ses propres besoins ?

Sans nous lancer dans un cours avancé de théologie – ce n'est pas le propos de ce livre –, penchons-nous tout de même sur les fondements de notre société. Cela nous renvoie à cet écrit très connu de l'Ancien Testament : « Tu aimeras ton prochain comme toi-même», ou encore au propos de Jésus rapporté par l'Évangile selon Jean, «Aimez-vous les uns les autres». Il y est bien question d'aimer l'autre comme soi (d'où l'importance de l'amour de soi). Ce devoir religieux concerne toutes les religions et pas seulement la pensée chrétienne. Rappelons par exemple le hadith du prophète Mahomet: « Nul ne croit véritablement jusqu'à ce qu'il aime pour son frère ce qu'il aime pour lui-même. » Tout comme le bouddhisme qui nous enseigne qu'aimer l'autre c'est vouloir le bien de l'autre (et non le sien).

Donc, si l'amour de soi est essentiel à son bien-être, il faut aussi comprendre que pour aimer les autres, il faut tout d'abord savoir s'aimer soi. S'aimer soi-même consiste à développer notre unicité (chaque être vivant est unique), à se réaliser pour apporter sa modeste pierre à l'édifice humain. En devenant la meilleure version de soi-même, on contribue chaque jour à construire un monde meilleur pour tou·tes. Et c'est pour cette raison essentielle que l'amour de soi est tourné vers les autres et pas uniquement vers soi.

Comment développer l'amour de soi ?

Cette capacité à s'aimer soi-même inconditionnellement permet d'être autonome, de se respecter, de veiller à son bien-être de la meilleure manière et de prendre des décisions de vie qui vont dans ce sens précis. Ce retour sur soi est d'autant plus important avec la transition vers l'ère du Verseau, qui nous pousse à travailler sur nous et à nous révéler. Tous les actes que vous allez accomplir découleront ensuite de cette volonté de faire le bien pour vous. Sur le plan personnel ou professionnel, qu'est-ce qui est intrinsèquement bon pour votre développement? Si vous vous posez honnêtement la question, vous aurez la réponse. Cette relation amoureuse est toxique, et celle-ci vous fait grandir. Ce métier vous épanouit, alors que cette profession vous fait gagner votre vie, mais ne vous comble pas de bonheur. Au fond de vous, vous savez.

ÊTES-VOUS EN HARMONIE DANS VOS RELATIONS QUOTIDIENNES ?

Notre quotidien est fait d'interactions sociales. Chaque jour, nous côtoyons d'autres personnes. De la caisse du supermarché à la machine à café au bureau, toute la journée, des occasions de nous positionner par rapport aux autres se présentent à nous. Si vous voulez entamer un processus de changement, commencez par analyser votre façon d'être par rapport aux autres, dans des situations simples du quotidien. Vous pouvez noter vos réponses et ressentis dans un carnet ou procéder mentalement.

Choisissez une situation précise, vécue personnellement. Ensuite, posez-vous les trois questions suivantes :

- **Question 1 :** comment ai-je réagi dans la situation décrite ?
- **Question 2 :** qu'est-ce que cette réaction indique sur moi ? (au niveau de mon caractère, de ma façon de me positionner dans l'espace commun, de l'importance que j'accorde ou pas au regard des autres sur moi...).
- **Question 3 :** suis-je en accord avec ces réactions et ressentis ? Si la réponse est non, comment puis-je modifier cela ?

PRENONS UN EXEMPLE :

Vous marchez tranquillement dans la rue. Un inconnu, le nez sur son téléphone, vous bouscule et s'éloigne sans un mot.

- **Question 1 :** comment ai-je réagi dans la situation décrite ?

Évidemment plusieurs cas de figure peuvent se présenter. Disons que, cette fois, précisément, vous vous êtes machinalement excusé·e (avec un « oh, pardon ! »), alors que vous n'y étiez visiblement pour rien dans l'impact.

✶ **Question 2 :** qu'est-ce que cette réaction indique sur moi ?
Ce pardon-réflexe peut par exemple souligner votre peur du conflit, votre sens de la diplomatie, votre crainte du jugement ou encore votre difficulté à faire respecter votre espace privé. Cela vous arrive-t-il souvent ? Au fond, souhaitez-vous vous excuser pour d'autres choses ? Parvenez-vous à dire non, à affirmer et à maintenir vos choix ?

✶ **Question 3 :** suis-je en accord avec ces réactions, ressentis et constatations ? Si la réponse est non, comment puis-je modifier cela ?
Visualisez de nouveau la scène, et revivez-la en notifiant par exemple à la personne qui vous a bousculé·e que son attitude ne vous convient pas : « Je comprends que vous ne m'ayez pas vu·e, mais vous pouvez au moins vous excuser » « J'ai l'impression d'être transparent·e. Vous auriez pu me faire mal ». Restez poli·e et factuel·le. Entraînez-vous avec les mots que vous aimeriez pouvoir prononcer. Recommencez plusieurs fois de suite, jusqu'à trouver le ton juste (sans agressivité) et les mots qui vous correspondent.

CONCLUSION : vous voyez qu'à partir d'un simple événement a priori anodin, vous pouvez développer la pelote de l'amour de vous-même.

♒ INSTAURER LA PAIX DANS VOS RELATIONS PASSÉES

Ce qui est valable dans les interactions du quotidien l'est d'autant plus concernant les relations qui comptent vraiment dans la construction de votre personne : vos parents, votre fratrie, vos relations amoureuses, vos partenaires professionnel·les, etc.
Prenez le temps d'écrire une lettre à chacune des grandes figures de votre vie : votre mère, votre père, votre grand-mère, votre oncle... Faites-le

pour toutes les personnes qui ont joué un rôle dans votre évolution sur le plan personnel, mais aussi professionnel (votre premier employeur, un·e collègue antipathique, entre autres). En rédigeant cette lettre, vous viderez votre sac et remplirez votre cœur. Commencez par les reproches que vous avez à leur adresser (n'en oubliez aucun, même les plus anodins), et terminez par un grand merci : « C'est grâce à toi si aujourd'hui... »
Par exemple, dans votre sphère professionnelle, vous êtes sous les directives d'un·e chef·fe toxique. Notez dans un premier temps tous les griefs que vous éprouvez à son encontre, puis concentrez-vous sur votre propre progression. Par exemple : « J'ai compris qu'aujourd'hui je souhaite évoluer au sein d'un environnement calme et respectueux, car je suis conscient·e de la qualité de mon travail. Tu m'as permis de sortir de ma zone de confort et de comprendre que je n'ai pas besoin d'avoir la validation de ma hiérarchie pour avoir conscience de ma valeur intrinsèque. »
En écrivant une lettre (sans l'envoyer) à quelqu'un qui vous a blessé·e (récemment ou dans votre enfance), vous vous libérez de ce qui ne vous appartient pas. Cet acte fort et symbolique vous permet d'avancer.

CONCLUSION : cet exercice est l'occasion d'intégrer toutes les compétences acquises au cours d'une vie grâce aux autres. Il permet aussi d'analyser différemment les expériences dites « négatives », les interactions humaines difficiles, les ruptures de vie qui laissent des séquelles (abandon, licenciement, divorce...). Tout ce qui nous arrive dans la vie nous fait progresser (même si, souvent, on ne s'en rend pas compte sur l'instant). C'est d'ailleurs pour cela que dans le milieu spirituel, on n'utilise jamais les qualificatifs de « bonnes » ou « mauvaises » expériences. On préfère simplement parler d'expériences.

♒ EN QUOI ÊTES-VOUS UN ÊTRE UNIQUE ?

Pour répondre à cette question, vous allez devoir établir une liste de vos besoins profonds, mieux comprendre ce qui vous fait vibrer, cerner vos traits de caractère (qualités, défauts, manies, etc.) et faire honnêtement le point sur les valeurs qui vous tiennent à cœur.
Voici une liste de valeurs universelles, sélectionnez celles qui vous touchent, et demandez-vous si vous êtes aligné·e avec celles qui sont présentes dans votre vie.

CONCLUSION : cet exercice d'introspection va vous permettre de recréer du lien entre vous et vous-même, et de faire un premier pas vers la reconnexion à votre être profond, en toute autonomie, sans avoir besoin des autres.

Comment s'affranchir des croyances limitantes et se déployer pleinement ?

On dit que le cerveau utilise une infime partie de ses capacités au quotidien. C'est un peu le même schéma pour nous. Manque de confiance ou peurs diverses nous empêchent de pleinement nous déployer. Les phrases limitantes, comme «Je ne peux pas», «Je ne mérite pas», «Ce n'est pas pour moi», freinent nos envies et limitent nos perspectives. En nous remettant au centre de notre vie, nous changeons de prisme personnel. En effet, renouer avec l'amour inconditionnel de soi permet de reprendre les rênes de sa vie. En connaissant notre valeur (à nos yeux, et non dans le regard des autres), on réaligne nos pans de vie. En clair, l'affirmation «Je sais ce que je veux et je sais ce que je vaux» nous éclaire pour juger si, oui ou non, nous avons envie de poursuivre l'aventure professionnelle ou personnelle actuelle. Cette nouvelle façon d'envisager les choses permet d'ouvrir de nouvelles portes et de saisir de nouvelles opportunités. Les peurs et les croyances limitantes qui jusque-là vous empêchaient d'être et de devenir s'estompent peu à peu. Les objectifs de vie vous semblent plus atteignables, et vous entrez en action pour les réaliser pas à pas, en écoutant vos besoins personnels et vos ressentis.

Il existe différents types de croyances limitantes:

- **Les croyances limitantes liées à la personne que vous êtes.** Elles se traduisent souvent par des phrases soulignant quelque chose qui ne va pas chez vous, par exemple: «De toute façon, je ne suis pas fait·e pour ce poste.»
- **Les croyances limitantes liées aux autres.** Elles se traduisent souvent par des phrases soulignant une certaine fatalité ou des généralités, par exemple: «Les hommes sont tous des menteurs», ou «L'amitié homme-femme, ça n'existe pas».
- **Les croyances limitantes liées à l'environnement extérieur**, et qui peuvent influer sur votre écosystème intérieur. Par exemple: «Il n'y a pas de travail pour tout le monde» ou encore «Tous les hommes bien sont mariés».

Parvenir à identifier nos croyances limitantes n'est pas une démarche facile, mais c'est le premier pas vers le développement de nouvelles capacités. Les croyances limitantes sont des freins qui nous empêchent de pleinement nous déployer, c'est-à-dire de nous expanser !

♒ IDENTIFIER VOS CROYANCES LIMITANTES

Posez-vous un instant et réfléchissez à un domaine de vie qui vous intéresse. Prenons par exemple l'amour. Quelles sont vos premières pensées ? Souvent, elles traduisent vos croyances limitantes. Par exemple, vous pouvez avoir à l'esprit : « Je ne mérite pas d'être aimé·e », « Je finirai seul·e avec mon chat », ou « Personne ne s'intéresse à moi ». Une fois vos croyances limitantes identifiées, il va falloir les déprogrammer de votre cerveau. Dans cette démarche, vous pouvez inventer un mantra qui vous parle, qui résonne en vous et que vous répéterez à chaque fois que vos croyances limitantes reviennent. Voici quelques exemples de mantras : « Je mérite d'être aimé·e », « Je suis une personne formidable, j'attire à moi des personnes formidables », « Je m'aime ».

♒ LA FORCE DE LA VISUALISATION

En travaillant vos objectifs de cœur en amont, vous envoyez des signaux à l'Univers pour faciliter la réalisation de votre mission de vie.

COMMENT VISUALISER ?

La visualisation consiste à générer des images mentales comme si elles étaient réelles, et donc à en ressentir physiquement et mentalement les

effets bénéfiques. En visualisant, vous créez votre propre film mental, dans lequel vous êtes à la fois réalisateur·rice et acteur·rice.
Prenons un exemple dans le domaine professionnel. Vous désirez changer de travail. Fermez les yeux et imaginez votre arrivée dans ce nouveau lieu, la rencontre avec vos nouveaux et nouvelles collègues, votre nouveau bureau. D'ailleurs, quelle est la vue depuis cette pièce? N'hésitez pas à ajouter un maximum de détails, par exemple sur votre tenue, ou votre énergie quand vous saluez les membres de l'équipe. Comment vous sentez-vous dans ce nouveau cadre? Respirez et ressentez cette onde de bien-être qui vous envahit. Maintenant, allumez l'ordinateur et lancez-vous dans votre première mission. En quoi consiste-t-elle? Continuez à imaginer, et ressentez pleinement ce plaisir d'être enfin utile, à votre juste place... Vous pouvez poursuivre ainsi pendant quelques minutes et recommencer l'exercice plusieurs jours d'affilée. Bien entendu, vous pouvez mettre au point des scénarios parallèles dans vos autres pans de vie: vos vacances idéales, votre partenaire idéal·e, votre situation financière idéale...

À RETENIR

Il est très important, pour que la visualisation fonctionne et se manifeste ensuite dans la réalité, de vous focaliser sur vos ressentis, à la fois dans le corps, en utilisant vos sens, et dans la tête, en faisant appel à vos émotions (joie, sérénité, bien-être...). Ces sensations vont ainsi vous faire vibrer à une certaine fréquence et attirer à vous ce que vous désirez au plus profond de votre être. Lors de votre visualisation, restez bien dans le présent, et ressentez cet événement, qui n'existe pas encore, comme si celui-ci était en train de se réaliser sous vos yeux. C'est exactement le même principe que pour des jeux enfantins: nous avons tou·tes déjà joué à être un·e prince·sse, un·e policier·ère ou un·e maître·sse d'école et nous le faisions avec beaucoup de sérieux, comme s'il s'agissait de la réalité. Ici, c'est exactement la même chose!

N'hésitez pas non plus, après ou pendant la visualisation, à remercier la vie, l'Univers, vos anges, selon vos croyances, de tout ce qui vous arrive dans cette vie rêvée. La gratitude est aussi un puissant levier de réalisation dans la matière.

L'ASTUCE EN PLUS

Si vous rencontrez quelques difficultés à imaginer et à ressentir, vous pouvez mettre au point un tableau inspiré du principe des planches d'inspiration (*moodboard* en anglais), en cherchant (sur Internet ou dans les magazines) des images qui vous inspirent. Regardez votre création le plus souvent possible pour vous imprégner de ces images !

Les sept lois de l'Univers

Selon le Kybalion, un texte mystique qui explore la nature de l'Univers, il existe sept principes fondamentaux régissant celui-ci. Les trois premières lois sont dites immuables, c'est-à-dire absolues, éternelles et inchangeables. Les quatre autres sont des lois dites mutables, c'est-à-dire qu'elles sont transitoires et peuvent être transcendées. Pourquoi mentionner les lois de l'Univers dans une partie consacrée à l'amour de soi ? Parce que ces lois, une fois qu'on les a bien comprises, sont des supports sur lesquels nous appuyer pour devenir ce que nous devons devenir. Ces lois ne sont pas faciles d'accès, car elles demandent une certaine ouverture de conscience, mais elles sont fondamentales. Ainsi, une fois la loi expliquée de manière théorique (vous pourrez d'ailleurs y revenir plus tard), vous trouverez à chaque fois un exemple éclairant pour vous aider à mieux la comprendre.

Première loi (immuable) : la loi du mentalisme

Selon cette première loi immuable, « Le Tout est Esprit ; l'Univers est Mental ». Cela signifie que toutes les choses que nous observons dans notre réalité physique, toutes les expériences que nous vivons sur le plan terrestre trouvent leur origine dans le domaine invisible, immatériel et mental. Cela sous-entend que notre esprit ne fait qu'un avec l'Univers. Notre réalité est une manifestation de notre esprit. Cette première loi assez déconcertante commence à être mieux comprise grâce aux progrès de la physique quantique.

L'exemple éclairant : nous ne voyons pas les choses comme elles sont réellement, mais comme nous pensons qu'elles sont. Voici un exemple tout simple : une femme enceinte verra beaucoup de femmes enceintes dans la rue. Ce n'est pas le nombre de femmes enceintes qui a changé, mais l'attention de la première sur cette catégorie qui occupe ses pensées. De même, les maître·sses de chiens vont remarquer un grand nombre de chiens dans le quartier, etc.

Deuxième loi (immuable) : la loi de la correspondance

Selon cette deuxième loi immuable, « En haut comme en bas, en bas comme en haut », ce qui signifie aussi « En dedans comme en dehors, en dehors comme en dedans ». Il n'existe aucune différence entre ce qui se passe à l'intérieur de nous et à l'extérieur, entre le divin (ou le transcendant) et l'humain, il n'y a pas de séparation. Tout est toujours relié par cette correspondance entre les domaines physique, mental, émotionnel et spirituel. En clair, les circonstances de votre vie reflètent et révèlent votre réalité intérieure.

L'exemple éclairant : c'est le fameux effet miroir. Pourquoi cette personne m'agace autant quand elle parle fort (extérieur), pourquoi son comportement me heurte ou m'énerve ? Qu'est-ce que cela veut dire de moi (intérieur) ? Tout ce que nous voyons et qui nous fait réagir à l'extérieur de nous est en réalité le miroir de ce qui se passe à l'intérieur de nous. C'est le reflet de nos propres insécurités et de nos peurs.

Troisième loi (immuable) : la loi de la vibration

Selon cette troisième loi immuable, « Rien ne se repose, tout bouge, tout vibre ». L'Univers entier est vibratoire. Cette réalité énergétique est aussi valable pour les êtres vivants qui émettent des fréquences différentes, tout comme les pensées et les émotions. L'amour est l'énergie de la plus haute fréquence, la peur vibre dans les fréquences les plus basses. C'est sur cette loi, qui a pour axiome « l'énergie attire l'énergie », que repose la loi de l'attraction. Ainsi, un changement de vibration entraîne un changement dans la manifestation, c'est-à-dire dans le concret qui se manifeste à vous. C'est le pouvoir de la pensée.

L'exemple éclairant : pensez à l'expérience de la fameuse journée « sans ». Vous vous êtes réveillé·e de mauvaise humeur, d'ailleurs votre alarme n'a pas sonné. Vous êtes arrivé·e en retard au bureau, car en plus de cela vous avez raté le bus, et évidemment vous êtes convoqué·e chez votre responsable, qui est d'une humeur massacrante. Décidément, ce n'est pas votre journée. Et si vos fréquences vibratoires restent basses, vous risquez d'attirer des personnes et des situations qui vibrent de la même façon.
Opposons-la à une journée « avec ». Vous vous êtes réveillé·e de bonne humeur ce matin, et même avant la sonnerie de l'alarme ! Vous en avez profité pour écouter un podcast inspirant, faire une petite séance de yoga et écrire votre journal. Vous êtes arrivé·e en avance au bureau et vous avez croisé votre responsable, qui a été ravi·e d'échanger quelques mots avec vous à la machine à café. Et si vous continuez à émettre des fréquences positives, vous attirerez à vous des personnes et des situations qui vibrent de la même façon.

Quatrième loi (mutable) : la loi de la polarité

Selon cette quatrième loi mutable, « Tout est double, tout a deux extrêmes ». Tout va par paire, tout dans l'Univers possède deux pôles ou deux opposés. Les éléments qui apparaissent comme parfaitement opposés ou contraires sont en réalité deux extrêmes de la même chose, et sont intrinsèquement liés.

Ce principe de la dualité ne fonctionne que dans les domaines physiques et mentaux (pas dans le domaine spirituel, où en effet tout est un).

L'exemple éclairant: la chaleur et le froid peuvent sembler opposés à première vue, mais ils représentent en réalité des degrés différents d'une même variable: la température. Il en est de même pour l'amour et la haine, la tristesse et la joie, la lumière et l'obscurité. Ainsi, on peut consciemment passer d'un pôle à un autre en modifiant notre état d'esprit ou nos vibrations.

Cinquième loi (mutable): la loi du rythme

Selon cette cinquième loi mutable « Tout s'écoule dedans et dehors; toute chose a sa durée; tout évolue, puis dégénère ». Cela signifie qu'en toute chose, il y a un mouvement de balancier, tout commence et tout finit, rien ne dure éternellement, tout est sujet à un perpétuel mouvement. Même si on ne le voit pas, autour de nous, tout change, tout le temps. Tout est impermanence.

L'exemple éclairant: il suffit d'observer la danse immuable de la nature, les saisons qui passent de l'une à l'autre par des micro-changements, souvent imperceptibles, jour après jour. Il en est de même pour le temps (le jour succède à la nuit, etc.) et pour le cycle de la vie (la naissance, l'existence, puis la mort). Ce mouvement permanent fait entièrement partie de la vie, on ne peut rien faire pour l'empêcher. La bonne attitude: le lâcher prise et l'acceptation de ce qui est et que l'on ne peut pas changer.

Sixième loi (mutable): la loi de cause à effet

Selon cette sixième loi mutable, « Toute cause a son effet, tout effet a sa cause ». En clair, tout arrive toujours pour une raison, même les événements tragiques de la vie. Cela ne signifie pas que nous sommes responsables de ce qui nous arrive (par exemple, si un chauffard vous renverse sur un passage piéton, vous ne l'avez clairement pas souhaité), mais de la façon de traverser cette épreuve.

Tout ce que nous expérimentons dans notre monde extérieur (c'est-à-dire notre vie) provient de notre monde intérieur (nos pensées, notre mental). Cette loi, aussi appelée loi du karma, signifie que rien ne nous arrive par hasard dans la vie, nous sommes responsables et nous détenons le pouvoir de nos pensées, de nos actes et de notre façon de réagir face aux événements. Nous sommes les créateurs de notre vie, chaque action réalisée, chaque pensée formulée a des conséquences et produit des résultats.

L'exemple éclairant : reprenons l'exemple du chauffard qui vous renverse. Après cet accident (dont vous n'êtes pas responsable), vous avez la possibilité de vous morfondre, en considérant cela comme une épreuve de vie vraiment terrible, ou alors de réfléchir et de vous poser les questions suivantes par exemple : « Pourquoi suis-je immobilisé·e maintenant ? », « Ai-je besoin de faire le point sur ma vie ? ». Très souvent d'ailleurs, c'est à la suite d'un accident que certaines personnes prennent des décisions pour réorienter leur vie.

Septième loi (mutable) : la loi du genre

Selon cette septième loi mutable, « Il y a un genre en toute chose ; tout a ses principes masculin et féminin ; le genre se manifeste sur tous les plans ». À l'intérieur de toute chose et de tout être humain existent une polarité féminine (douceur, patience) et une polarité masculine (force, action). Pour l'exprimer de manière plus actuelle, toute chose et chaque personne possèdent un mélange d'énergie féminine et d'énergie masculine. Chaque humain est la fusion de ces deux polarités, souvent opposées, qui font pourtant partie d'un même tout.

L'exemple éclairant : actuellement on évoque beaucoup les principes du féminin sacré et du masculin sacré. Accepter ces deux polarités en nous tou·t es, femme et homme, c'est atteindre un équilibre.

Zoom sur la loi de l'attraction

C'est sans doute la plus connue et la plus médiatisée de toutes les lois de l'Univers, et celle qui nous est plus facile de mettre en pratique. Donc, si l'on a bien compris le principe, il existe une loi d'affinité ou de correspondance selon laquelle chaque vibration émise va trouver et s'associer à une autre vibration possédant la même fréquence qu'elle. C'est pour cela que l'on dit souvent que le positif attire le positif, et de la même façon que le négatif attire le négatif. D'après la loi de l'attraction, toutes les pensées (composées aussi d'énergies) peuvent ainsi se réaliser dans la matière.

FAIRE APPEL À LA LOI DE L'ATTRACTION

Comment la mettre en pratique?

* **Demandez** ce que vous souhaitez du fond du cœur, avec des formulations claires, et en utilisant le pronom «je» et le temps présent.

* **Visualisez** vos souhaits avec le plus de détails possible, en vous focalisant sur ce que vous ressentez physiquement et mentalement.

* **Croyez** en cette loi sans l'ombre d'un doute et sans vous soucier du «comment». Par exemple, votre demande est de pouvoir partir vous reposer quelques jours dans un lieu de rêve. C'est votre souhait, ne laissez pas des pensées négatives ou sceptiques vous envahir (du type «Mais mon compte en banque est déjà dans le rouge», ou «Je n'ai pas les moyens». Restez concentré·e sur votre séjour rêvé, et lancez-vous dans la recherche d'hôtels qui vous plaisent, de circuits que vous aimeriez faire, et l'Univers s'occupera des détails (souvenez-vous de ne pas vous inquiéter du «comment»). Croire en cette loi est un puissant outil pour clarifier ses intentions, poser son esprit et éliminer les pensées négatives.

- **Passez à l'action.** À tort, on prend souvent la loi de l'attraction pour de la pensée magique. La raison ? On oublie très souvent la partie proactive de cette loi : c'est l'action de votre part qui va entraîner des résultats dans la matière. Vous pouvez par exemple demander l'emploi de vos rêves, le visualiser et attendre les résultats. Mais, au lieu de rester passif·ve sur votre canapé, il est peut-être temps de remettre à jour votre CV, afin de pouvoir l'envoyer lorsqu'un potentiel employeur vous contactera grâce à la loi.
- **Pratiquez d'ores et déjà la gratitude**, qui est la plus haute forme de remerciements.

À RETENIR

Pratiquer le lâcher-prise (voir aussi page 157) aide grandement à voir se manifester les résultats, puisque cette attitude renforce votre croyance que l'intention émise va se réaliser. C'est d'autant plus puissant que vous l'avez conscientisée, ressentie, imaginée, et vous avez même déjà exprimé vos remerciements !

L'ASTUCE EN PLUS

Demandez toujours le meilleur pour vous, vos proches et le monde. En revanche, il est conseillé de ne rien demander de précis pour les autres (pour vous, oui), car vous ne connaissez pas leur chemin de vie et les expériences qu'ils et elles ont à traverser. Ensuite, agissez toujours comme si vous étiez déjà devenu·e la personne que vous voulez devenir. Vous souhaitez arrêter de fumer ? Pour commencer, installez-vous dans les zones non-fumeur. Vous voulez vous sentir mieux dans votre corps ? Marchez avec énergie et joie, comme si vous étiez déjà dans cet état. Vous avez l'intention de vous remettre à la course à pied ? Allez flâner dans les magasins de sport à la recherche de la paire de baskets adéquate.

Trouver son « hygiène de soi » pour être pleinement soi au quotidien

Dans les magazines, sur les réseaux sociaux, on évoque très souvent la notion de prendre soin de soi, une idée un peu fourre-tout qui ne définit pas précisément ce qui paraît de plus en plus essentiel aujourd'hui : l'hygiène de soi.

Plus que l'hygiène de vie, l'hygiène de soi

L'ensemble des règles et pratiques à suivre pour nous maintenir en bonne santé (équilibre alimentaire, hygiène corporelle, pratique d'une activité physique régulière, limitation des facteurs de risques connus, comme la consommation d'alcool, de drogues, le tabagisme, etc.) désigne ce que l'on appelle communément l'hygiène de vie.

L'hygiène de soi englobe bien entendu l'hygiène de vie, mais le concept s'étend bien au-delà. L'hygiène de soi prend ainsi en compte la santé mentale, l'énergie spirituelle, le corps, mais aussi l'âme et l'esprit. S'entourer de belles personnes dans un environnement agréable, en s'alimentant sainement, ne peut que nous être bénéfique, c'est logique. Imaginez-vous vivre dans un environnement toxique (rempli de pensées négatives, de remarques blessantes et dévalorisantes), avec votre esprit sans cesse occupé à se protéger de ces attaques et éléments néfastes pour vous. À l'inverse, il est évident que des personnes à l'esprit sain, ouvert et inspirant ne peuvent que vous aider à évoluer.

♒ QUELS DOMAINES DEVEZ-VOUS AMÉLIORER ?

Faites le point honnêtement, sans faire de compromis avec vous-même. Voici quelques exemples pour vous guider, mais n'hésitez pas à personnaliser la liste.

- **Alimentation :** est-ce que je me nourris correctement ? Quelles sont mes mauvaises habitudes ?
- **Exercice physique :** est-ce que je fais suffisamment d'exercice ? Est-ce que je prends assez soin de mon corps physique ?
- **Habitudes néfastes :** quelles sont les habitudes de vie qui nuisent à ma santé et à mon développement personnel ?
- **Temps consacré à soi :** combien de temps par jour ou par semaine je me consacre ? Est-ce que je nourris suffisamment mon esprit et mon âme ?

LE CONSEIL À SUIVRE : pour chaque domaine à améliorer, il peut être utile d'employer la technique dite des petits pas. Par exemple, vous pouvez remplacer une habitude néfaste par une autre nouvelle habitude plus saine. Évitez de vous lancer dans trop de chantiers en même temps, les efforts à fournir pourraient alors être trop décourageants ! Vous voulez méditer tous les matins, mais vous n'avez pas la force et la motivation de vous réveiller plus tôt ? Dans ce cas, récitez un mantra pendant que votre café coule, pratiquez la méditation active sous la douche (ressentez l'eau qui coule, la chaleur, etc.), marchez en conscience cinq minutes à l'heure de déjeuner... Peut-être qu'ensuite, une fois ces nouvelles habitudes intégrées, vous ressentirez l'envie de vous lever plus tôt pour suivre une méditation guidée (ou pas, et ce n'est pas grave !).

UNE RÈGLE D'OR : fixez-vous des objectifs réalisables et commencez... tout de suite ! Cela vous évitera de procrastiner.

Notre corps, notre temple

Notre corps correspond à notre partie matérielle et incarnée. C'est la plus tangible, mais en prenons-nous vraiment soin ?

Comment comprendre le langage de son corps ?

Notre corps nous livre de nombreux messages à décrypter, c'est lui qui, en premier lieu, capte et accueille nos ressentis dans nos rapports avec les autres. Comme une grande antenne, il peut nous aiguiller et valider nos actions (avec cette petite voix à l'intérieur qui nous dit « Vas-y », et on pense alors souvent « Je le sens bien »), ou au contraire nous avertir (frissons, chair de poule, etc.). C'est aussi par lui que passe notre sixième sens ou nos fulgurances d'intuition. Quand on se met à l'écoute des soubresauts corporels, on arrive à percevoir ces très discrets mouvements de guidance du corps.

Prenez l'habitude de noter mentalement comment se comporte votre corps quand on vous fait une proposition. Le très léger mouvement physique peut passer inaperçu si vous n'y êtes pas attentif·ve.
Pour vous guider, voici quelques-uns des mouvements susceptibles d'être impulsés par votre corps.

Quand le corps dit non :

- Il se penche légèrement en arrière.
- Il se bloque au niveau du plexus.
- Il se crispe légèrement.

Par ces déplacements subtils, le corps traduit la réponse intuitive du refus lié à la peur, à la protection, à la non-envie, au respect de soi, etc.

Quand le corps dit oui :

- Il se penche légèrement vers l'avant.
- Il s'allège au niveau du cœur.
- Il ressent de la joie.

Par ces très légers déplacements, le corps traduit la réponse intuitive de l'acceptation, parfois contre la raison (selon la fameuse citation « Le cœur a ses raisons que la raison ne connaît point »), comme si on savait au fond de nous qu'il faut saisir la perche tendue par la vie.

♒ APPRENDRE À ÉCOUTER SON CORPS

PLACE À LA PRATIQUE : notez comment votre corps répond intuitivement à une question que l'on vous pose prochainement. Il peut s'agir de questions basiques :

- Et si on partait en week-end ensemble ?
- Tu es libre pour un ciné ?

Ou plus complexes :

- J'ai pensé à toi pour ce nouveau projet, tu es partant·e ?

Analysez ensuite comment l'événement s'est déroulé (week-end ressourçant/épuisant, soirée ciné déprimante/revigorante, projet gratifiant/inintéressant, etc.), afin d'associer le ressenti (au moment de la question) et le résultat (une fois l'action passée).
Ce constat vous aidera à noter avec précision comment votre corps ressent (et pressent) les choses, et vous serez ensuite capable de vous appuyer sur ces micro-mouvements pour faire les choix qui vous correspondent. Le but de cet exercice est vraiment de trouver la façon de fonctionner de votre corps.

Alors que nous étions très à l'écoute de nos ressentis lorsque nous étions enfant, nous avons peu à peu perdu cette faculté. Les signaux faibles de notre corps (comme le balancier pour répondre oui ou non) ne nous apparaissent plus aussi évidents. Or, prendre soin de son corps, c'est aussi lui redonner la parole et apprendre à l'écouter. C'est d'autant plus important que se relier à son corps nous permet aussi de rester connecté·es à nos besoins. Par exemple, quand on mange en excès sans être attentif·ve à sa satiété, cela peut signifier que certains de nos besoins ne sont pas satisfaits (en mangeant en grande quantité, on remplit peut-être un grand vide intérieur).

Notre corps est un formidable outil à décoder. Si l'on prend le temps de se reconnecter à lui, de se fier à ses ressentis, il peut nous en apprendre énormément sur nous.

Comment habiter son corps ?

D'abord, apprenez à ressentir votre corps

Notre corps est notre premier guide, le temple qui abrite notre âme. Mais combien sommes-nous à vivre à côté de lui et non à l'intérieur ? À force de vivre avec notre tête, le mental nous a coupé·es d'un précieux trésor en nous : les ressentis corporels. On vit dans son corps, mais on ne l'habite pas toujours. Pourtant, en cas de montée de stress, de pédalage mental anxieux, il suffit de ramener son attention dans son corps (par le biais de la respiration par exemple). C'est un moyen simple et hyper efficace de revenir à l'ici et maintenant, afin de ne pas ressasser le passé (ce que l'on ne peut plus changer) ni d'imaginer l'avenir (ce qui n'existe pas encore). L'action se passe toujours au temps présent.

Être à l'écoute de son corps permet aussi d'apprendre à mieux gérer son énergie. Comment est-il aujourd'hui ? En forme ? Un peu rouillé ? Manifeste-t-il des tensions particulières (maux de tête, douleur aux épaules...) ? Tous ces messages corporels sont des indicateurs essentiels à votre bien-être. En cas de surmenage, on conseille souvent d'aller faire un tour en nature. Cette reconnexion primaire aide justement à nous reconnecter aux ressentis corporels si bénéfiques: l'air sur la joue, la branche sur les paumes des mains, les cailloux sous les chaussures. Pour peu que le chemin soit un peu pentu, on ressent aussi la présence de muscles oubliés.

Prendre soin de son corps, ce temple des émotions et des ressentis, passe par une activité physique journalière (une simple marche en conscience peut suffire), une alimentation saine pour le nourrir, et bien sûr des soins adéquats passant par le toucher. En effet, la peau, l'organe le plus étendu du corps, est aussi très réceptive et apprécie les gestes d'attention comme les automassages, les massages en institut, les caresses et toutes les marques de douceur.

Ensuite, faites vœu de silence

Pour une durée déterminée, rassurez-vous! Mais le silence choisi permet de revenir à soi, à son intériorité, à son corps, un peu comme si on revenait chez soi après un long périple. Le silence choisi, assumé, aimé, nous aide à trouver une grande force en nous, loin de l'agitation extérieure. Faire un vœu de silence pendant une heure, une journée, un week-end est également l'opportunité d'apprendre à maîtriser son propre brouhaha intérieur. En effet, ce retour à soi par la pratique du silence nous empêche de chercher à l'extérieur ce que l'on ne peut trouver qu'à l'intérieur de nous: le calme, l'amour, la sérénité, la confiance... En France, Sudheer Roche, un grand enseignant du tantra, un courant spirituel assez complexe qui vient de l'Inde, a écrit un conte moderne accessible sur Internet, intitulé *Traverser la solitude: le mendiant cache un empereur*. L'auteur y explique que la solitude désigne deux états de conscience opposés: la solitude du mendiant, qui s'apparente à un état de manque (je me sens vide sans l'autre), et à l'inverse, la solitude de l'empereur, qui s'apparente plutôt à un état de plénitude (je suis heureux d'être ce que je suis, sans besoin d'autre chose). Le silence est du même ordre que la solitude. Il est imposé ou choisi, épuisant ou ressourçant.

FAIRE SILENCE

Si vous décidez de faire vœu de silence, prévenez vos proches de votre démarche et démarrez l'expérience. Vous allez être surpris·e d'être plus à votre écoute, puisque votre attention est tournée vers vous, et aussi plus à l'écoute des autres, mais autrement. Commencez par une heure, puis ajoutez du temps, jusqu'à tenir tout un week-end. Vous pouvez aussi vous isoler dans des retraites silencieuses initiatiques encadrées dans le but de se reconnecter à soi.

LE SILENCE ? C'EST INSUPPORTABLE !

Certaines personnes trouvent le silence malaisant pour des raisons diverses, car ils ont la sensation d'être puni·e quand « on fait silence », ou par peur de leur propre voix intérieure, etc. Si c'est votre cas, vous pouvez apprendre à découvrir les bienfaits du silence... en marchant. Cette balade active vous permettra de mieux pratiquer l'exercice. Concentrez-vous alors sur les bruits extérieurs, et, petit à petit, quand vous êtes rassuré·e, revenez à vous, à votre silence intérieur.

Comment pratiquer le self-love ?

Le terme anglais *self-love*, qui signifie « amour-propre », « amour de soi-même », est souvent utilisé dans les magazines féminins et sur les réseaux sociaux pour désigner l'attention portée à son corps. Ce terme est plus fin et plus juste que la connotation psychologique de l'amour-propre en français (englobant confiance, estime, limites...), car il signifie s'aimer soi-même.

Notre corps est souvent le grand oublié des soins quotidiens (en dehors de l'hygiène pure, bien sûr). Il fait souvent la une des magazines à l'approche des beaux jours avec l'affreux diktat du « summer body » (le corps « idéal » de l'été). S'intéresser au monde spirituel, ce n'est pas se désintéresser de l'aspect matériel et physique, puisque nous sommes ici dans la matière pour pleinement vivre nos expériences de vie. Or, quoi de plus matériel que notre corps ? Le corps et l'esprit sont indissociables. Notre corps, trop souvent mal aimé, car critiqué par les normes sociales en vigueur (à chaque époque sa mode corporelle d'ailleurs) est pourtant bien plus qu'une simple apparence physique. Le corps est notre lieu d'incarnation, notre petite maison sur Terre, qui nous relie au monde physique. C'est la maison que l'âme a choisie pour y vivre. En prendre soin, lui prêter de l'attention permet justement de lui redonner de l'importance et sa juste place.

Voici quelques conseils pour pratiquer le self-love :

- **Apprenez à vous ancrer :** le corps est doté de cette grande faculté de nous ancrer à la terre. Quand vous sentez que votre mental prend le dessus, que votre ego est aux commandes, ramenez votre attention sur vos pieds. Sentez-les sur le sol à plat, et imaginez des racines qui vous attachent au centre de la Terre. Vous pouvez lever les bras et imaginer un flux de lumière qui part du sommet de votre tête vers les cieux. Vous êtes ainsi relié·e à la fois à la force de la terre et à la force du ciel. S'ancrer permet de retrouver de l'élan et de l'énergie pour passer à l'action et ne pas garder la tête dans les étoiles. À la fin, vous pouvez remercier votre corps de cet ancrage-minute.

À NOTER : l'ancrage est d'autant plus efficace s'il est pratiqué en plein air (sur de l'herbe, du sable...). Cette reconnexion à la nature est aussi un puissant antistress.

✶ **Faites la météo de votre corps :** chaque matin, avant de vous lever, demandez à votre corps comment il se sent. Le sommeil a-t-il été réparateur ? La digestion nocturne a-t-elle été facile ? Est-il en forme ou pas ? Ce petit exercice de quelques minutes est une excellente occasion de porter de l'attention à son corps et de bien commencer la journée !

✶ **Étirez-vous souvent :** comme les chats et les chiens, n'hésitez pas à vous étirer le matin au réveil, ou dans la journée. De même, certains exercices très simples, comme le mouvement de pompage des épaules (une pratique de relaxation dynamique issue de la sophrologie) permettent de chasser le stress et les tensions à grande vitesse.

✶ **Regardez votre corps dans le miroir et complimentez-le :** il y a forcément une partie de votre corps que vous aimez, alors dites-lui, et vous verrez le bien fou que cela procure.

✶ **Envoyez-lui de l'amour :** lorsque vous vous hydratez ou parfumez la peau, envoyez des ondes d'appréciation et d'amour à votre corps, et offrez-vous de temps en temps un massage en institut par des mains expertes !

✶ **Soyez reconnaissant·e envers lui.** Vous pouvez exprimer votre pleine gratitude chaque jour, après une séance de sport, un effort particulier, ou décider de lui écrire une lettre. Cette pratique est très libératrice, surtout si vous avez souvent mal considéré, voire maltraité, votre corps. Vous pouvez commencer par « À toi mon corps... ».

Pour aller plus loin : les activités comme le qi gong, le tai chi ou le yoga permettent de se reconnecter à son corps en conscience et facilement pour les personnes qui sont en difficulté. Les bénéfices : une meilleure énergie, un bon ancrage, et une meilleure perception de votre environnement.

♒ LA PRATIQUE DE LA PLEINE CONSCIENCE

Il s'agit ici de mettre de l'attention dans nos gestes anodins du quotidien : manger, faire le ménage, marcher, etc. Cette pratique permet de ramener l'esprit à l'ici et maintenant. Pour cela, il suffit de se reconnecter à son corps et de quitter le mode pilote automatique. Cela vous est-il déjà arrivé d'accomplir une action tout en ayant la tête ailleurs ? Cette dissociation entre le corps (celui qui fait, celui qui est dans l'action) et la tête (celle qui pense, qui met en œuvre) nous coupe en deux. Être pleinement présent·es dans chacun de nos actes permet aussi de redonner du sens à nos actions, de limiter le stress (grâce au retour au présent) et de faire des choix bénéfiques pour nous. Prenons l'exemple des repas. Manger sans conscience devant la télé est la porte ouverte à la prise de poids et aux ballonnements. Manger calmement, en comptant le nombre de ses mastications, permet (en plus de faciliter la digestion) de se relier à sa satiété. Prendre conscience de sa respiration, à n'importe quel moment de la journée, constitue un moyen simple et à la portée de tou·tes de se reconnecter à son corps, de revenir à lui, à travers les mouvements automatiques de la respiration. D'ailleurs, faites l'expérience, concentrez-vous sur votre respiration en répétant par exemple « J'inspire et je sais que j'inspire », et « J'expire et je sais que j'expire ». Vous verrez que cette petite pratique ralentit votre respiration et donne une plus grande amplitude à votre souffle quasi immédiatement !

Notre âme, notre guide

Se mettre à l'écoute de son âme, c'est redonner du sens à sa vie. Cette connexion intérieure, personnelle, nous offre l'opportunité de mieux cerner ce qui nous met en joie et nous rend heureux·ses. Il n'y a pas de règle, les sources de bonheur sont aussi variées que personnelles. Pour certain·es, ce sera le calme et la lecture, pour d'autres les voyages et les rencontres. Ce qui compte, c'est de savoir ce qui vous nourrit intérieurement. C'est un fabuleux voyage à la découverte de soi ! Suivre nos aspirations profondes, c'est trouver un parfait équilibre de vie.

ÊTRE À L'ÉCOUTE DE SES RÊVES

La nuit, pendant votre sommeil, votre âme peut vous transmettre des messages à travers vos rêves. N'hésitez pas à les écrire ou à les enregistrer en note vocale dès votre réveil afin de ne pas les oublier. Essayez surtout de vous concentrer sur les émotions et les sensations ressenties, plutôt que sur l'histoire en tant que telle.

C'est lors des voyages oniriques que vous recevez des messages selon vos interrogations du moment, ou encore des réponses à des questions que vous avez posées à vos guides spirituel·les. Notez les mots clés, les symboles, et vous pourrez y revenir plus tard. Essayez aussi de vous souvenir de phrases qui peuvent, sur le moment, paraître incohérentes (comme « Suivre la femme »), et qui finalement éclairent un choix à faire quelques heures plus tard.

♒ L'ÉCRITURE INTUITIVE

Tout d'abord, faisons le point. L'écriture intuitive n'a rien à voir avec l'écriture automatique, qui consiste à mettre sa main à disposition d'une entité. L'écriture intuitive permet, elle, d'avoir accès directement à son âme ou à son ou sa guide, selon vos croyances. Comme le dit l'écrivain Jean Rouaud: « L'écriture est un exercice spirituel, elle aide à devenir libre. »

LE PRINCIPE

Préparez des feuilles et un stylo dont la pointe glisse bien. Asseyez-vous dans un endroit calme et prenez de profondes respirations. Posez une question qui vous concerne directement, comme « Pourquoi est-ce difficile pour moi de rencontrer quelqu'un de bien ? », « Dois-je changer de travail ? », ou « Comment puis-je faire pour être dans la joie ? ».

Commencez par formuler ceci : « Mon âme (ou mon/ma guide), toi qui me connais si bien, dis-moi pourquoi… » et posez votre question à l'écrit. Vous allez recevoir une réponse presque immédiatement. Rédigez sans réfléchir les premiers mots qui arrivent. Vous verrez que très vite les mots vont se transformer en phrases, et les phrases en paragraphes…

COMMENT SAVOIR SI C'EST VRAIMENT VOTRE GUIDE OU VOTRE ÂME ?

Les mots sont doux, l'écriture soignée, le ton bienveillant. Il n'y a ni critique, ni jugement, ni conseils présomptueux. Si jamais c'est le cas, c'est que le mental a pris le pas.

COMMENT SAVOIR QUAND LA COMMUNICATION EST TERMINÉE ?

En général, on ressent l'arrêt du flux, comme si le fil était coupé. Cela signifie que l'exercice est terminé. Ne cherchez pas à creuser plus, sinon votre mental va prendre le dessus.

Notre cœur, notre boussole

Donner les commandes à notre cœur, c'est nous ouvrir à un nouveau monde et nous donner la force d'avancer sans crainte. Nous possédons tou·tes en nous ce potentiel, il suffit de nous reconnecter à cette force inépuisable. Mais il faut du courage pour être soi-même. D'ailleurs, saviez-vous que le mot courage vient du latin *cor*, c'est-à-dire « cœur » ? Se relier à son cœur permet aussi de croire à un autre possible.

Comment ouvrir son cœur ?

✦ **Certaines postures de yoga pratiquées régulièrement** (comme celles du cobra ou du chameau) favorisent l'ouverture du chakra du cœur.

✦ **Méditer en se concentrant sur le chakra du cœur peut aider.** Pour cela, imaginez de l'énergie provenir de la région du cœur, ou une couleur apaisante, comme le rose (relié à l'énergie du cœur), ou bien accompagnez-vous d'une couleur verte associée au chakra du cœur (par exemple en portant un collier avec une pierre verte, comme l'aventurine, l'amazonite, ou l'opale verte). Vous pouvez aussi vous concentrer sur votre respiration, qui remplit votre cœur.

✦ **La créativité artistique** est aussi un moyen simple de se reconnecter au cœur. Le dessin, la peinture, la danse intuitive… Tout ce qui permet de lâcher prise sur le mental est bénéfique.

✦ **L'acceptation de ses propres parts d'ombre** est un processus qui vous aidera aussi à plus facilement développer des qualités de cœur, comme la compassion ou l'empathie.

En anglais, on utilise le terme *shadows* pour désigner les parts d'ombre. On assiste depuis quelques mois à l'explosion des ventes de livres et de cahiers pratiques sur le *shadow work* dans les rayons dédiés à la spiritualité. En s'appuyant sur les manuels disponibles, en consultant un·e coach/psy, ou en menant une vraie introspection, ce travail de l'ombre consiste à prendre conscience de certains de nos traits de caractère ou réactions qui font partie de notre facette la plus sombre. Accepter cette part d'ombre dont nous ne sommes pas fier·ères (par exemple, lorsque nous éprouvons un sentiment d'envie, de jalousie, etc.) permet de nous accepter entièrement et de laisser ensuite place à plus de lumière.

✦ Ouvrir son cœur, c'est aussi apprendre à **écouter son intuition** et à faire la différence avec la voix de son mental et celle de son ego. Mais comment discerner les deux? Quand c'est la voix du cœur qui s'exprime, on ressent une profonde justesse pour soi et pour les autres, sans que l'on sache vraiment pourquoi. À l'inverse, quand il s'agit de la voix du mental ou de l'ego, on est plus dans la réflexion, dans le combat (Qui gagne quoi? Qui perd quoi?), dans le rationnel. Si vous arrivez à percevoir la différence entre les deux, vous allez plus facilement vous relier à votre justesse intérieure, à l'énergie de votre cœur.

♒ CULTIVER LA GRATITUDE ET L'ESPRIT POSITIF

Être dans la gratitude, ce n'est pas seulement dire merci et apprécier ce qui est bénéfique. La posture juste consiste plutôt à apprécier ce qui est. Si vous voulez développer votre muscle de gratitude, vous pouvez chaque jour exprimer mentalement votre gratitude, en commençant par «Je suis reconnaissant·e car...» («J'ai réussi à accomplir tout ce que je voulais aujourd'hui», «J'ai passé du temps avec les miens», «J'ai pris un café au soleil et j'ai discuté avec une personne intéressante»).

À RETENIR: Être dans l'ouverture du cœur ne signifie pas que vous êtes ici pour tout accepter, que «tout le monde est beau et tout le monde est gentil». L'ouverture du cœur permet de poser un autre filtre sur les événements de la vie, mais en conservant une part de lucidité et de conscience.

Sur le chemin

Que se passe-t-il quand nous commençons à nous relier à nos perceptions? À nous écouter avec le cœur? À laisser notre âme s'exprimer? C'est comme si nous mettions de nouvelles lunettes pour voir les événements. Plus rien n'est comme avant. Le changement peut être subtil ou plus brutal, cela dépendra du cheminement de chacun·e.

Comment savoir si vous êtes en chemin? Observez-vous, notez les petits changements dans votre façon d'être. Voici quelques pistes de réflexion qui vous éclaireront et vous indiqueront si vous êtes dans ce processus de cheminement.

- **Votre rapport aux autres évolue.** Quand vous entamez ce travail personnel qui requiert une attention de chaque instant, votre façon d'être par rapport aux autres évolue. Comme un observateur·rice, prenez alors le temps d'analyser votre façon de réagir. Qu'auriez-vous fait avant le changement? Qu'avez-vous fait maintenant? Comment réagissez-vous dorénavant?
- **Votre rapport aux émotions change.** Cette nouvelle perception des autres vient de votre nouvelle façon d'appréhender vos émotions.

DE L'INTÉRIEUR : je crée ma propre joie.
DE L'EXTÉRIEUR : je me sens joyeux·se parce qu'un·e autre...

Le mouvement est passé de l'extérieur («Je donne le pouvoir aux autres») à l'intérieur («Je suis mon propre roi ou ma propre reine dans mon royaume»): vous ne dépendez pas – ou de moins en moins – des événements extérieurs. Ainsi, votre état d'être est de moins en moins fluctuant et soumis aux aléas extérieurs (les autres, les événements). Vous parvenez également à mieux gérer les émotions débordantes, comme la colère ou la tristesse. Vous arrivez plus facilement à vous connecter à la joie, vous ruminez moins, vous rattachez moins le bonheur à l'acquisition («Je serai pleinement heureux·se quand j'achèterai une maison, quand j'aurai un chien»).

- **Vous vous ouvrez à de nouvelles connaissances.** Cette exploration intellectuelle passe par la découverte d'autres lectures, la participation à des conférences liées au développement personnel, l'initiation à de nouvelles techniques ésotériques (tarot, guidance angélique, etc.).
- **Vous vous posez des questions sur le monde de l'invisible…**

Comment s'ouvrir au monde de l'invisible ?

La théorie est une chose, expérimenter en est une autre. Dans son essence même, la spiritualité est une expérience de soi aux autres. D'abord, on apprend (avec la tête), ensuite on ressent (avec le cœur et le corps), et enfin on revit.

Les pratiques les plus courantes

Certaines pratiques simples et accessibles favorisent la connexion au monde de l'invisible. En voici quelques-unes, mais bien sûr il en existe beaucoup d'autres.

- **La prière :** souvent associée à une religion, la prière représente un acte symbolique fort, qui peut être accompli par tou·tes, sans croyances religieuses spécifiques. Le fait de demander, d'énoncer une intention, de verbaliser un désir et ensuite d'attendre une faveur du destin, de l'Univers, de la vie, des anges, selon les croyances, permet de toucher du doigt le monde de l'invisible. Cet acte de recueillement entre soi et soi-même, c'est-à-dire en dehors de toute pratique codifiée, permet de se poser, de faire le point et de réfléchir à ce que nous souhaitons vraiment. Croire qu'un monde meilleur pour nous est possible nourrit notre flamme intérieure et nous donne la force d'avancer malgré les obstacles et l'adversité.

À NOTER : dans cet ouvrage, la prière n'est pas considérée comme un acte assimilé à une religion. On peut prier pour se recentrer et demander à l'Univers, à notre guide, à notre conscience ou à nos dieux, selon nos croyances, d'obtenir le meilleur pour nous et pour les autres.
COMMENT PROCÉDER ? Allongé·e, assis·e ou à genoux, mains jointes ou paumes tournées vers le ciel, à voix haute ou mentalement, il suffit de démarrer la discussion sur un sujet qui vous tient à cœur. Vous pouvez aussi vous rendre dans un parc ou dans un lieu sacré. L'important est de vous sentir bien, afin de pouvoir ouvrir votre cœur et vous livrer.

- **Les oracles et les cartes divinatoires :** les tirages pour soi sont un moyen de nous connecter à l'invisible et à notre intuition, afin de répondre à des questions existentielles. Sans être forcément médium de naissance, il est tout à fait possible pour chacun·e de se placer dans un état de conscience légèrement modifiée, afin de laisser venir à soi une part de médiumnité sur support (ici, ce sont les cartes, mais c'est aussi valable avec le pendule par exemple). Pour cela, il est nécessaire de faire taire le mental (la réflexion) et de laisser sa part intuitive et son cœur parler sans chercher à comprendre.

À NOTER : pour une meilleure efficacité, n'hésitez pas à mettre en place un rituel autour du tirage : bougie allumée, intention avant de mélanger les cartes, petite méditation, etc.
COMMENT PROCÉDER ? Choisissez un jeu qui vous attire, par ses couleurs, son esthétique, les avis positifs... Avant d'effectuer votre premier tirage, prenez le temps de vous imprégner de l'univers de chaque carte. Vous pouvez aussi déposer le jeu sous votre oreiller, ou le porter sur vous pendant plusieurs jours afin d'imprégner le jeu de votre énergie.

- **La méditation :** cette technique accessible à tou·tes, en s'aidant par exemple de ressources disponibles sur YouTube (méditations guidées), est l'occasion de tourner son regard et son attention vers son intériorité. C'est une formidable ouverture à soi et à sa conscience, et l'opportunité de cheminer ainsi vers la spiritualité.

À NOTER : vous pouvez pratiquer quelques minutes pour commencer et ensuite augmenter petit à petit ce temps de présence à vous en vous éloignant des préoccupations terrestres.

COMMENT PROCÉDER ? Vous pouvez suivre une méditation guidée sur YouTube (je vous recommande par exemple celles de Cédric Michel), ou alors, asseyez-vous au calme, seul·e, avec ou sans musique, et concentrez-vous sur le mouvement de votre respiration. Lors des premières fois, évitez de vous allonger, sinon vous risquez de vous endormir... N'hésitez pas à accompagner votre méditation d'un body scan, en posant votre attention sur chaque partie du corps et en commençant par les pieds. Vous pouvez tout à fait réciter des mantras, afin de rester détendu·e et concentré·e sur le moment présent. Quand une pensée survient, laissez-la passer comme un nuage dans le ciel... Ne vous y attardez pas, laissez-la filer.

Il n'y a que deux façons de vivre sa vie : l'une en faisant comme si rien n'était un miracle, l'autre en faisant comme si tout était un miracle.

ALBERT EINSTEIN

Qu'est-ce que le tarot alchimique ?

La réponse de Julie Grandmougin, coach de vie, psycho-bio-thérapeute et alchimiste, que vous pouvez retrouver sur son site Internet : https://www.lamarquedelexcellence.com/

Qu'est-ce que l'alchimie exactement ?

L'alchimie est un savoir ancestral. Depuis l'Antiquité, de nombreux alchimistes ont cherché à transmuter les métaux vils (plomb, fer, cuivre...) en or. Ce n'est pas ce côté exotérique (en dehors de soi) qui m'intéresse. Je m'appuie sur le côté ésotérique (à l'intérieur de soi) de l'alchimie : comment transformer (ou si vous préférez « se détoxifier de ») ce qui nous plombe dans notre existence et trouver notre or, c'est-à-dire ce que l'on a d'unique à offrir au monde, afin de faire rayonner notre contribution.
L'alchimie est une quête personnelle, la compréhension de notre quintessence, de qui nous sommes, ce que nous venons faire, et surtout dans quel but.
Celle que je pratique accompagne dans le but de guérir, de faciliter cette démarche d'aller vers soi, de se désintoxiquer de son plomb et de découvrir son or intérieur. Car je suis intimement persuadée que quand on connaît le sens à donner à sa vie, celle-ci devient alors joie et service.

Pourquoi dit-on que le tarot est divinatoire ?

Pour moi, le tarot n'est pas que divination, c'est-à-dire conçu pour prédire ce qui potentiellement arrivera dans le futur. Il est aussi personnel, pénétrant et divinatoire, pour révéler la part divine qui est en chacun·e de nous. Le tarot est justement utilisé en alchimie, à travers le tarot alchimique, pour opérer et guérir les maux physiques, psychiques, transgénérationnels et karmiques, qui empêchent notre partie divine d'exprimer son unicité et de personnel, pénétrant et divinatoire, pouvoir nous réaliser.

Comment définir le tarot alchimique ?

Le tarot alchimique conjugue deux savoirs millénaires pour :

PERCEVOIR :

- Avoir une lecture claire de qui nous sommes, de notre singularité, de notre joyau unique, et à quoi celui-ci contribue dans notre monde.
- Comprendre là où nous sommes et quels sont nos défis à dépasser dans cette incarnation et pour notre évolution d'âme.
- Comprendre les enjeux à vivre pour notre évolution de conscience dans nos grands moments de transition, comme dans notre vie au quotidien.

SE DÉPLOYER :

Cette complémentarité permet :

- D'aller vers l'expansion de soi, en guérissant nos blessures, en s'autorisant à être soi « m'aime ».
- De retrouver notre pouvoir intérieur en osant être soi-même, en assumant pleinement nos choix et en transmettant librement notre vision du monde.
- D'être créateur·ice de notre vie, en allant vers ce qui nous inspire, plutôt que vers ce qui nous rassure (modèle de survie).

Ainsi, chaque lecture de tirage du tarot de Marseille et chaque acte libérateur aident à trancher, à prendre des décisions en conscience et avec discernement pour gagner sa vie, sans la perdre, en alliant sens et croissance.

Par la symbolique des couleurs, des formes sacrées et des ondes vibratoires, chaque lame du tarot de Marseille possède une énergie archétypale unique connectée aux plans plus subtils de notre être.

Ces lames opèrent en profondeur les transformations nécessaires à notre développement pour transcender nos parties en souffrance vers une vie épanouie et créatrice de nos abondances.

Comment utiliser les lames pour découvrir son âme ?

Chaque lame est conçue avec de la géométrie sacrée, des codes et symboles spécifiques, des fréquences vibratoires précises, une gamme chromatique performante, des polarités qui dansent, une rythmique particulière... Une fois les secrets de chaque lame mieux décryptés, il suffit de positionner la carte sur des parties précises du corps. La lame va ainsi créer une osmose pour nous réharmoniser et faire circuler l'énergie vitale. C'est tout le savoir que je transmets lors de mes formations.

Créer des rituels sacrés

Un rituel est un ensemble de gestes, d'actions, de paroles, parfois à caractère cérémonial, appliqués à une situation spécifique, avec une intention précise. Par exemple, vous pouvez ritualiser votre tirage de cartes en créant un environnement propice à la détente et au lâcher-prise. De même, pour vous ouvrir à l'invisible, vous pouvez consacrer un petit espace chez vous, un autel, avec des objets signifiants : une plume, votre oracle, un carnet de songes, une statuette d'ange ou tout autre symbole qui vous évoque le monde sacré. Ils vous aideront à vous connecter plus facilement lorsque vous souhaiterez créer un pont entre vous et l'invisible. Les rituels sont très personnels, en voici quelques-uns pour vous inspirer.

- Utilisez le pouvoir des pierres pour ouvrir votre troisième œil, situé au milieu du front et relié à l'intuition, la médiumnité et la sagesse. Dans cet objectif, de nombreuses pierres peuvent vous accompagner : l'améthyste (intuition), le lapis-lazuli (sérénité et expression de soi), la labradorite (perceptions extrasensorielles), la tanzanite (rêve, imagination), le cristal de roche ou le quartz blanc (clarté d'esprit). On a coutume de dire que ce n'est pas la personne qui choisit la pierre, mais la pierre qui appelle la personne. En lithothérapie, laissez-vous guider par votre intuition pour choisir vos pierres.
- Brûlez de l'encens, de la sauge ou du palo santo, notamment pour purifier votre espace de pratique, éloigner les énergies négatives, et favoriser la relaxation et la méditation.
- Fabriquez des couronnes végétales, en utilisant des éléments de la nature, glanés suivant les saisons.
- Méditez.
- Priez.
- Écrivez.

LE RITUEL DES TROIS PAGES

Dans son livre *Libérez votre créativité* (Éditions J'ai Lu), Julia Cameron, – qui enseigne entre autres l'art de la créativité –, propose un exercice à la fois simple et très puissant. Il s'agit d'écrire chaque matin, au réveil, sans exception, trois pages à la main dans son « cahier du matin ». Vous pouvez y rédiger ce que vous voulez : vos envies, vos angoisses, vos pensées, vos rêves... Ce rendez-vous quotidien permet de libérer et clarifier son esprit. Le choix du matin est important, car il ne s'agit pas d'établir un bilan de la journée (même si, parfois, pour commencer, vous mentionnez des événements de la veille), mais de s'ouvrir à de nouvelles possibilités. L'autrice conseille aussi de ne pas se relire avant d'avoir pratiqué l'exercice pendant plusieurs mois. C'est à la fois par sa régularité (tous les matins) et par son modèle (trois pages en écriture manuelle) que de nouvelles pistes créatives, de nouvelles idées, peuvent germer et vous surprendre !

Pour une meilleure efficacité, les rituels doivent être suivis avec régularité, selon vos disponibilités : chaque matin, chaque soir, chaque semaine, à chaque nouvelle lune, les soirs de pleine lune, à chaque changement de saison... À vous d'adopter le rythme qui vous convient.

Reconnaître les signes

Qu'entend-on par signe, ici ? Il peut s'agir d'une heure miroir (12 h 12, 16 h 16), d'une heure inversée (12 h 21, 13 h 31), d'une plume, d'une image d'animal, d'un son, d'une couleur, d'une chanson, d'une situation qui se répète, d'un rêve récurrent, d'une odeur particulière... Tout ou presque peut être considéré comme un signe, à ceci près qu'un signe pour vous ne sera pas le même pour moi ou une autre personne. En effet, les signes ont un caractère personnel et parlent de manière indéniable à celui ou celle qui les demande. S'ouvrir au monde invisible, c'est s'autoriser à laisser entrer dans sa vie l'extraordinaire et se laisser porter par la magie dont on ne comprend pas les secrets. Ces signes de l'Univers, ou ces synchronicités (nom donné par Carl Gustav Jung), nous permettent de communiquer avec le monde subtil.

Comment demander et reconnaître des signes ?

- Demandez tout simplement un signe à votre ange, à votre protection spirituelle, à votre animal totem ou toute autre entité selon vos croyances. Ensuite... Déployez vos sens ! Un signe peut être visuel (une image, une couleur, une représentation, un mot écrit qui revient avec insistance) ou auditif (une phrase entendue « par hasard », une chanson, une réplique...). C'est un clin d'œil céleste personnel que vous seul·e comprendrez. Mais comment procéder concrètement ? Tout simplement en lui envoyant une pensée précise (par télépathie, donc), en vous octroyant un moment de recueillement (comme une prière), en utilisant un support (comme les oracles, les pendules, l'écriture...).
- Posez une question et demandez de l'aide pour prendre votre décision. Ensuite, soyez attentif·ve aux coïncidences... qui en réalité n'en sont pas !

Monter en vibration

Si vous avez une appétence particulière pour l'ésotérisme et la spiritualité, vous avez sans doute déjà entendu parler du taux vibratoire, également nommé fréquence vibratoire. Il s'agit d'une mesure calculant la fréquence énergétique de tout objet ou être vivant. Cela nous renvoie forcément à la phrase « Tout est énergie [...] », d'Albert Einstein. On associe un taux vibratoire élevé à une bonne énergie, une bonne santé, des pensées positives. À l'inverse, un taux vibratoire bas évoque des pépins de santé, des pensées négatives, une grosse fatigue, de l'anxiété... On peut calculer son taux vibratoire en s'aidant d'un pendule de radiesthésie et d'une échelle de Bovis qui indique dans un cadran les différents niveaux vibratoires. Les énergéticien·nes, tout comme les magnétiseur·euses, peuvent ressentir le taux vibratoire d'une personne, simplement par le biais de leurs mains.

Taux vibratoire : échelle de Bovis

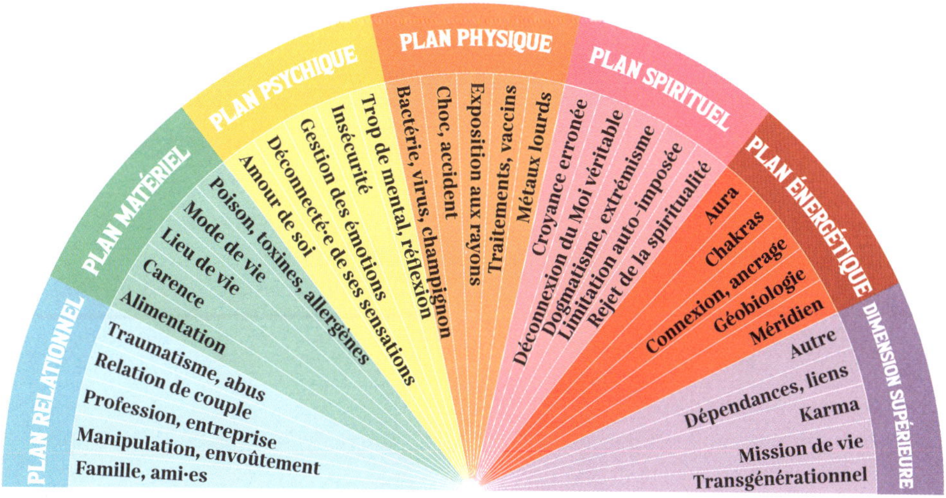

Comment influer sur son taux vibratoire ? Voici quelques actions simples à mettre en place pour agir sur la qualité de sa propre fréquence.

- **Contemplez du beau :** un paysage, un tableau, une scène de vie...
- **Branchez-vous sur le cœur et ressentez la puissance de l'amour**, en méditant par exemple sur le chakra du cœur (voir page 87), ou alors en vous reliant à votre cœur par les pensées (« Mes actions actuelles sont-elles en accord avec mon cœur ? »). Cela signifie que toutes vos actions (et pensées) doivent passer par le filtre du cœur. En clair, avant d'agir, de dire ou de penser, donnez la parole à votre cœur. Au départ, cet exercice demande une certaine concentration car ce n'est pas naturel. Au fil du temps, cela devient automatique. Cette connexion au cœur permet ainsi de prendre plus de recul sur les situations et sur l'attitude des personnes qui nous entourent.

* **Soyez dans la gratitude**, par exemple en remerciant chaque soir pour trois événements, mineurs ou majeurs, de la journée.
* **Prenez soin de vous** (voir l'hygiène de soi page 75), avec une alimentation saine, une activité physique régulière, une pratique de la méditation active ou passive, etc.
* **Aménagez-vous un espace** (même petit) apaisant et ressourçant dans votre foyer.
* **Évitez les stimulus de peur générés par l'extérieur.** Bien sûr, il est important de s'informer des actualités, mais est-il nécessaire de rester branché·e de longues heures sur des chaînes d'information qui diffusent en continu les mêmes images, les mêmes événements ? Dans la mesure du possible, limitez aussi le contact avec les personnes qui tiennent des discours négatifs sur la vie, les personnes toxiques pour vous, etc. Savoir s'entourer de personnes joyeuses et positives (même si elles aussi rencontrent des difficultés), avec un état d'esprit ouvert, est beaucoup plus intéressant et bénéfique au niveau vibratoire.
* **Mettez de la légèreté dans votre vie :** souriez davantage, osez discuter et échanger avec des inconnu·es, évitez de ruminer, restez zen en évitant de vous faire du souci pour tout et n'importe quoi, ne vous préoccupez pas des affaires de vos voisin·es, ne colportez pas des propos négatifs ou peu sympathiques, ne râlez pas... La légèreté est l'exact contraire de tout ce qui vous alourdit au quotidien.
* **Prenez régulièrement des bains de nature**, en forêt, au bord de la mer ou dans les grands parcs en ville.
* **Écoutez de la musique sacrée** (non associée à une religion), de la musique classique, les fréquences dites sacrées (disponibles sur les plateformes de musique ou sur YouTube), des sons de tambour, de gong. Tous ces sons ont un impact direct sur notre humeur par leurs fréquences hertz, leurs notes jouées. Leurs vibrations sont différentes.

✶ **Observez en conscience des formes de géométrie sacrée.** Les symboles les plus accessibles sont par exemple la fleur de vie, le cube de Métatron, ou certains mandalas. Ces symboles expriment un équilibre parfait et sont très puissants d'un point de vue vibratoire. Vous trouverez sur Internet les formes les plus classiques de géométrie sacrée à imprimer.

La géométrie sacrée

Fleur de vie

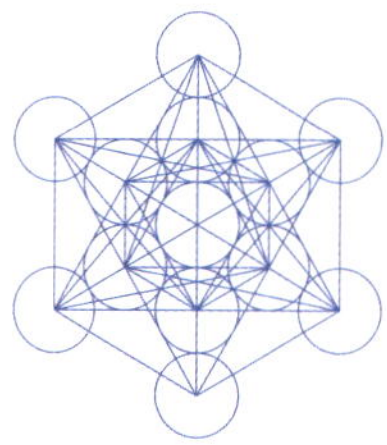

Cube de Métatron

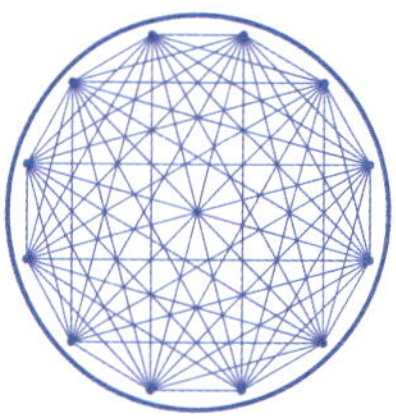

Tesseract

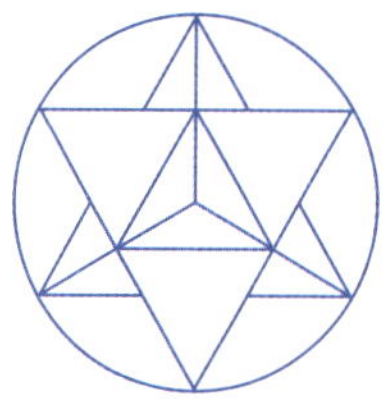

Merkaba

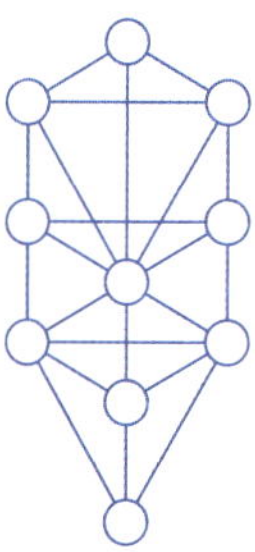

Arbre kabbalistique

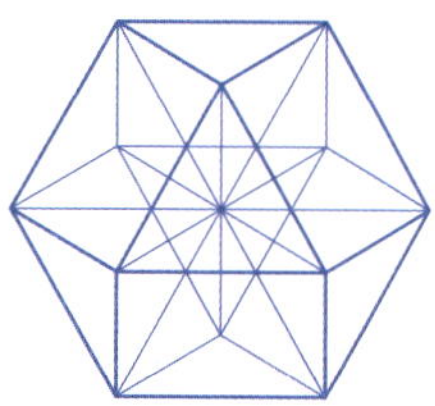

Cuboctaèdre

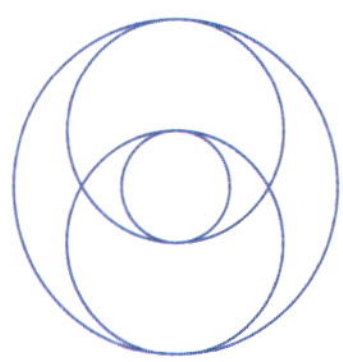

Vesica piscis

- **Rendez-vous dans des lieux chargés en énergie**, comme la cathédrale de Chartres, les lieux de pèlerinage (le Mont-Saint-Michel, les Saintes-Maries-de-la-Mer...), mais aussi la forêt de Brocéliande... Connus des énergéticien·nes, ces endroits dégagent un haut niveau d'énergie. Y rester même quelques instants permet de nous recharger, comme quand on branche son smartphone.

Cette liste n'est évidemment pas exhaustive et dépendra surtout de ce qui vous fait du bien.
Et vous ? Que faites-vous pour augmenter votre taux vibratoire ?

Entretien avec Léa Lezé, médium, magnétiseuse, énergéticienne et créatrice du podcast *Ézotérique*

Retrouvez-la sur son site : https://nouvellesvibrations.com/

Pensez-vous que chaque être vivant a une mission de vie ?

Le terme de « mission de vie » peut paraître impressionnant, donc je préfère parler de projet de vie, je pense que c'est plus évocateur. L'idée même de projet stimule l'imagination et l'envie de réaliser des choses... Une vraie mission de vie, comme on l'entend, c'est l'accumulation d'une multitude de projets de vie que l'on réalise au cours de notre existence. Notre âme profite de ce passage ici-bas pour expérimenter dans la matière, à chaque nouveau niveau de ce grand jeu vidéo qu'est la vie. Et finalement, à chaque niveau, on a des choses à découvrir, des choses à réaliser, on apprend, on vit des échecs, etc. Mais en soi, ce qui est important, c'est tout ce qu'on a pu réaliser par nous-mêmes et de quelle manière on a contribué, grâce à nos diverses expériences, à celle des autres indirectement.

Comment définissez-vous la spiritualité ?

La spiritualité, à mon sens, c'est finalement la capacité à vivre consciemment notre part spirituelle, cette part de nous-mêmes qui n'est pas palpable, qui va au-delà de notre enveloppe corporelle. La spiritualité permet de percevoir consciemment cette part invisible en nous-mêmes et donc ces forces invisibles qui nous animent chaque jour et qui animent notre conscience. C'est aussi une connexion à une forme de foi, c'est-à-dire une prise de conscience qu'il y a quelque chose, rien qu'en nous-mêmes, qui existe au-delà de ce que l'on peut expliquer consciemment.

En quoi la spiritualité peut-elle aider à se réaliser ?

La première étape de la foi en soi-même, c'est aussi prendre conscience qu'autour de nous se trouve tout un environnement, tout un monde qui est animé par ces mêmes forces invisibles et qui crée finalement une communion générale entre tous les êtres, entre tout ce qui est. Et c'est cette énergie, ce mouvement, qui permet au monde de se réaliser. Ainsi, à partir du moment où l'on comprend qu'il y a quelque chose d'invisible, d'extérieur, qui est capable de mettre en forme une telle intelligence, on ne peut plus se sentir seul·e et écrasé·e sous le poids de la tâche. Cette perspective donne de la légèreté et nous enlève cette certitude de « devoir » se réaliser par soi-même, tout·e seul·e, et d'ainsi se sentir limité·e dans son propre potentiel. La spiritualité, c'est finalement à la fois une conscience que quelque chose de plus grand existe, mais aussi la certitude d'une connexion directe avec cette force. Et, se relier à quelque chose de plus grand que soi, c'est laisser de la place à une intelligence, une omniscience et finalement un potentiel de réalisation qui est infiniment plus grand que nous-mêmes. Cela ne signifie pas que nous ne sommes pas décisionnaires de nos vies. Cela veut simplement dire qu'en se reliant au divin, on peut accéder à des ressources infinies pour réaliser nos aspirations profondes. C'est comme une collaboration géante pour notre propre histoire. Une collaboration vertueuse qui offre plus de ressources.

Quels conseils donneriez-vous à celles et ceux qui souhaitent développer leur reliance au divin et leur spiritualité ?

La clé, qui peut paraître abstraite, mais qui, à mon sens, est la plus importante, c'est de savoir se soustraire à la parole et au mental. C'est-à-dire ne pas forcément chercher à nourrir sa tête de nouvelles informations, de livres, de vidéos, tout le temps. Mais plutôt d'avoir cette faculté de laisser la place régulièrement dans son quotidien à quelque chose qui sorte de l'oral, de la parole. Apprendre à ne rien faire, mais à laisser faire. Apprendre à se reconnecter à l'environnement, à la nature, à regarder le ciel, les couchers de soleil. Se laisser transcender par la musique. Ces expériences des sens vont permettre de développer notre spiritualité.

Avez-vous un livre à nous conseiller ?

Je conseille de lire tous les livres sacrés, sans distinction religieuse, de s'en imprégner, même si parfois leur essence est difficile à saisir. Et aussi de lire *L'histoire secrète du monde*, de Jonathan Black (Éditions J'ai Lu), pour comprendre notre société avec un regard neuf.

PARTIE 3

Inviter la spiritualité dans sa vie

Nous sommes donc en transition entre la fin de l'ère du Poissons (caractérisée, entre autres, par l'avènement de la religion et la vénération d'un Dieu extérieur à l'humain), et le commencement de l'ère du Verseau. Ce signe d'air, épris de liberté, nous invite à revenir vers nous, à explorer la spiritualité et la part sacrée en chacun·e de nous. Un grand changement en perspective !

La *spiritualité* reconnaît
la *lumière divine* qui brille
en chacun d'entre nous.
Elle n'appartient à aucune
religion en particulier, mais
à tout le *monde*.

MOHAMED ALI

Qu'est-ce que la spiritualité ?

S'il existe autant de définitions que de pratiques, il est vrai que nous avons une tendance générale à comparer, si ce n'est opposer, la liberté attachée à la spiritualité au dogme lié aux religions. Voyons cela de plus près...

Comment définir la spiritualité ?

La spiritualité est une notion très personnelle. À travers elle, nous renouons avec une part divine, sacrée, mystérieuse en nous, sans la rechercher à l'extérieur. Comme il n'y a pas de dogme imposé concernant la spiritualité, certain·es pratiqueront dans l'intimité en priant une divinité, un être de lumière, l'Univers ou la vie, et d'autres œuvreront à l'extérieur, par des actes de générosité désintéressés par exemple. C'est un concept qui évolue au fil de la vie, en fonction de notre avancée (lectures, rencontres, questionnements, étapes de vie...).

✦ Si la spiritualité était une définition

C'est remettre de la cohérence (voire de la congruence, c'est-à-dire un parfait alignement entre nos pensées et nos actions) dans notre vie, en réalignant notre corps, notre cœur et notre esprit. Je fais ce que je dis (et non pas « je dis ce que je fais »), je vis pleinement ce que je vis, je reste fidèle à mes valeurs et à qui je suis. En agissant ainsi, j'apporte aussi ma pierre à l'édifice du collectif. C'est une manière d'être connecté·es à une force plus grande que nous (la nature, l'Univers, le divin...), selon nos croyances.

✦ Si la spiritualité se résumait en mots clés

Authenticité, inspiration, profondeur, introspection, altruisme, mais aussi simplicité, reliance (c'est-à-dire connexion avec les autres), énergie, foi (et la liste n'est pas exhaustive).

✴ Si la spiritualité était une couleur

Sans doute le violet, la couleur du septième chakra, autrement dit le chakra couronne (ou coronal), situé au niveau du sommet de la tête, et relié à la conscience universelle, la sagesse, la spiritualité et l'au-delà.

✴ Si la spiritualité était une citation

«Sur le chemin spirituel, il ne faut rien chercher qui serait extraordinaire. L'extraordinaire est dans la profondeur de l'ordinaire!»

Karlfried Graf Dürckheim

✴ Si la spiritualité se résumait en actions

IL S'AGIRAIT DE:

✴ Déposer de l'amour dans chacune de nos pensées et nos actions, tout en soignant nos mots. C'est le chamane mexicain Don Miguel Ruiz qui a évoqué dans ses accords toltèques la puissance de la portée des mots, plus précisément dans le premier accord toltèque[1], «Que votre parole soit impeccable». Mais en dehors des mots prononcés, il est tout aussi important de soigner la qualité de ses pensées (les mots dans nos têtes). Ajoutons aux pensées et aux actions du quotidien une bonne dose d'amour (de soi, des autres), et nous insufflerons beaucoup plus de spiritualité dans nos vies!

✴ Prendre du temps pour se connecter à soi (par la méditation, la prière, l'introspection).

✴ S'ouvrir à une autre réalité: en mettant de l'extraordinaire dans l'ordinaire; en osant demander ce que l'on souhaite et visualiser une vie qui nous corresponde mieux; en cherchant un sens caché à des symboles comme les plumes, les synchronicités, les couleurs récurrentes, les rêves. Dans cette démarche, nous ne sommes pas obligé·es de croire en un Dieu. Il peut s'agir d'une énergie, de la magie de l'Univers, de ses anges, de sa bonne étoile, de Mère Nature… peu importe. L'essentiel est de se connecter avec le sacré ou le divin.

1. *Les quatre accords toltèques: la voie de la liberté personnelle*, Don Miguel Ruiz, Jouvence, 2024 (1999 pour l'édition française originale).

- Prendre soin de soi en restant centré·e sur son être intérieur, et respecter les autres.
- Rester connecté·e à la nature.
- Reconnaître que tout est cyclique, que tout commence et tout finit, pour mieux recommencer.
- Accepter l'idée que certaines choses ne sont pas explicables rationnellement.
- Vivre dans le moment présent.

Comment savoir si je suis un être spirituel (présent ou en devenir) ?

Si vous vous posez la question, c'est que vous êtes en chemin ! Ce processus passe par un questionnement existentiel qui peut prendre des formes variées selon les aspirations de chacun·e. Mais, de manière générale, on peut vous définir comme un être spirituel, présent ou en devenir, si :

- Vous cherchez à mettre du sens dans ce monde qui vit à contresens. Vous vous questionnez sur le but de votre existence, en dehors de la quête purement matérielle (gagner de l'argent pour vivre, trouver un emploi, etc.). Il est même possible que vous traversiez une véritable crise existentielle, jusqu'à vous demander quelle trace vous allez laisser sur Terre. Vous pouvez aussi vous interroger sur la justesse de vos actions : vous comportez-vous toujours de la meilleure des façons pour vous et les autres ?
- Vous êtes appelé·e par des activités de l'esprit (comme la méditation par exemple, le travail sur les énergies, etc.).
- Vous êtes un être intuitif, ou qui aimerait écouter plus souvent sa petite voix intérieure, notamment parce que dans le passé vous ne l'avez pas fait et que cela vous a porté préjudice.

- Vous aimez l'idée de croire en une force supérieure (peu importe laquelle).

Les plus convaincu·es pensent que nous sommes tou·tes des êtres spirituels. Il semblerait donc plus juste de dire que certaines personnes ont plus d'appétence que d'autres pour le monde invisible.

La spiritualité n'est pas un système religieux, mais une expérience naturelle qui permet à l'être de s'épanouir dans sa véritable grandeur.

ALAIN BOUDET

Comment devenir un être plus lumineux ?

S'intéresser au domaine du spirituel, c'est déjà ouvrir une porte vers plus de lumière ! Cette ouverture et cette profonde transformation interne vont, de fait, avoir un impact sur notre façon de vivre et d'envisager nos actes quotidiens.

Qu'est-ce qu'un être de lumière ?

Anges protecteurs, archanges... La famille des êtres de lumière est vaste ! Les entités bienveillantes du monde de l'invisible veillent sur nous et nous guident. Grâce à leurs messages (heures miroirs, synchronicités), ces créatures célestes nous aident à faire les bons choix, à condition que nous les invitions à entrer dans nos vies. Ils peuvent nous apparaître dans les rêves ou nous souffler des réponses dans notre quotidien à travers l'apparition de symboles (plumes, couleurs, mots, etc.) qui viennent éclairer nos questionnements. Certain·es médiums pratiquent le channeling et ont la faculté d'entrer en contact avec des archanges ou des maîtres ascensionnés (en transmettant des messages destinés à l'humanité tout entière), voir l'entretien avec Éric Fauroux page 134.

COMMUNIQUER AVEC SON ANGE

Vous pouvez le prier, lui écrire ou tout simplement communiquer avec lui par la pensée. Les anges sont toujours auprès de vous ! Mais qu'en est-il du langage céleste ? C'est celui du cœur. Vous devez vous adresser à eux avec sincérité. Certaines personnes connaissent le nom de leur ange de naissance (vous le trouverez facilement référencé sur les sites ésotériques), mais ce n'est pas obligatoire pour solliciter leur aide. Certains anges sont dédiés à des domaines d'intervention spécifiques (santé, créativité, abondance, perte d'objet...). Au besoin, vous pouvez tout simplement demander à l'ange le plus compétent de voler à votre secours. Soyez précis·e dans votre demande, et pensez à bien le remercier pour le temps consacré à votre affaire. Et surtout, ouvrez l'œil, car une fois que vous avez posé votre question, la réponse se trouve dans les signes et les synchronicités.

À NOTER : si vous possédez un animal de compagnie, un chien ou un chat par exemple, notez ses réactions quand vous invoquez votre ange de protection. Les animaux domestiques sont en effet très sensibles au changement d'atmosphère et d'énergie autour d'eux !

Existe-t-il des êtres plus connectés que d'autres ?

Si Victor Hugo pense que « les hommes sont des anges stagiaires », on peut surtout noter que certaines personnes sont plus connectées que d'autres. Ces âmes éveillées œuvrent, souvent en toute discrétion, pour que la Terre se porte mieux, pour que ses habitants se sentent bien. Il peut s'agir d'artisan·es de la paix, de bâtisseur·euses d'un nouveau monde plus juste et plus écologique, ou tout simplement de Monsieur et Madame Tout-le-Monde en cheminement... Artisan·es de lumière, travailleur·euses de lumière, on peut tou·tes, à notre niveau, faire en sorte que la lumière brille plus sur notre Terre. Depuis les années 1980, on évoque également la notion de *lightworker* (à traduire par « travailleur·euse de lumière ») pour définir toutes les personnes nées pour éclairer le chemin des autres dans la lumière. Intuitifs et hypersensibles, ces êtres sont des porteur·euses de lumière qui ouvrent la voie vers une nouvelle spiritualité. Ces personnes sont particulièrement connectées aux autres, mais aussi à la nature et au monde invisible, afin de montrer le chemin.

Allumer sa lumière intérieure

Le quotidien est un formidable terrain de jeu pour celles et ceux qui souhaitent faire briller leur lumière intérieure ! Chaque situation de la vie, ou presque, offre la possibilité d'appuyer sur cet interrupteur. Voici quelques pistes à explorer selon vos envies. Vous pouvez noter dans un carnet ou dans un coin de votre esprit les changements dans votre vie lorsque vous « allumez la lumière », et vous verrez, c'est assez édifiant !

- **Adoptez une attitude juste**, en évitant les situations de conflits, les jeux d'ego («J'ai raison, tu as tort»). Pour cela, imaginez d'abord un ring: souhaitez-vous monter sur ce ring, enfiler des gants et vous battre? Ou allez-vous décliner l'invitation, rester spectateur·ice et suivre votre chemin? À vous de choisir! Cette visualisation de ring se révèle très utile quand vous avez en face de vous des personnes à l'ego démesuré ou au caractère belliqueux. Cela ne signifie pas que vous refusez de vous engager pour des causes justes, mais simplement que vous faites le choix de ne perdre ni votre temps ni votre énergie pour des conflits mineurs qui n'ont aucun intérêt pour votre évolution.
- **Cultivez l'amour** (de vous-même, de votre prochain) en travaillant vos faiblesses, en renforçant vos points forts et surtout en évitant de critiquer l'attitude des autres.
- **Reconnaissez votre unicité dans la globalité.** L'être humain fait partie d'un grand tout. Nous, les êtres vivants, sommes tous reliés les uns aux autres, d'une part, et à une force supérieure, d'autre part. En adoptant ce point de vue, vous changez de perspective, vous devenez plus tolérant·e et vous développez de nouvelles qualités, comme la compassion et l'empathie.
- **Mettez-vous au service des autres.** Cultivez votre talent et mettez ce don au service des autres. Vous pouvez facilement aider les autres en vous appuyant sur ce qui est facile pour vous. La solidarité envers autrui renforce votre propre force, car elle rend pleinement utile. En offrant ses compétences, on aide les autres à trouver leur voie, comme un professeur de mathématiques qui aiderait bénévolement un élève en difficulté.
- **Laissez-vous guider par la joie.** La joie, c'est l'énergie du cœur. Cette émotion se cultive au quotidien, dans la pleine présence ou encore l'émerveillement face à ce qui est. La joie nous raccroche à la vie, et elle nous permet de nous dépasser tout en légèreté.
- **Soyez dans l'authenticité**, c'est-à-dire le vrai soi, celui qui a enlevé toutes les couches de l'ego et les différents masques que l'on porte dans la vie. Être authentique, cela ne signifie pas exprimer sans filtre tout ce qui nous traverse l'esprit. Il s'agit en réalité d'un profond travail d'intériorité, d'un devoir

envers soi d'abord, pour ne pas se laisser submerger par les émotions (qui peuvent être source d'énervement ou d'interprétation). Prenons l'exemple de la colère, qui peut nous faire agir à tort et à travers ou dire des paroles que nous risquons de regretter plus tard... Il est essentiel de décrypter comment les autres, par leurs actes et mots, arrivent à influer sur nous. La réaction aux autres est un excellent moyen de continuer à se nettoyer, à s'améliorer et à viser l'authenticité.

✦ **Sortez de votre zone de confort.** Un autre moyen simple de se découvrir et d'allumer sa flamme intérieure est de s'initier à de nouvelles expériences spirituelles : méditation en groupe, soin aux gongs, découverte du tambour chamanique, dessins de mandalas... Il existe aujourd'hui de nombreux stages et moments de découverte qui offrent des opportunités de s'ouvrir à d'autres expertises et d'élargir son cercle de connaissances.

POURQUOI ASSOCIE-T-ON TOUJOURS LA MÉDITATION À LA SPIRITUALITÉ ?

La méditation nous connecte à notre esprit et nous isole consciemment de la matérialité. Les méditant·es sont d'ailleurs nombreux·ses à vivre des expériences particulières pendant ce temps à soi. Ce moment de pause choisi offre également l'opportunité de faire le point sur nos vies, de retrouver le calme et la quiétude intérieure.

À NOTER : méditez de préférence sans attendre un résultat particulier, et encore moins l'éveil spirituel. Cet état plus détaché vous fera rester dans l'instant, sans faire appel (même inconsciemment) à votre mental.

LES AVANTAGES DE LA MÉDITATION : cette pratique simple permet de se reconnecter au moment présent (ici et maintenant, ni dans le passé, ni dans le futur), de commencer une introspection personnelle, de renouer avec nos ressentis corporels (comment je me sens aujourd'hui, par exemple) et d'apprendre à accueillir ce qui est, sans vouloir changer le déroulement des choses. De plus, la méditation permet de calmer le mental et de nous apprendre à lâcher prise (c'est-à-dire accepter l'idée de changement, apprendre et s'habituer à ne plus s'accrocher). C'est également une excellente parade contre le stress, l'agitation du monde actuel et certaines dérives, comme la sollicitation de l'attention de la part des réseaux sociaux ou l'effet multitâches au travail, sources d'agitation mentale.

La vulnérabilité, porte d'entrée vers le soi

Les questionnements liés à la spiritualité sont quelque peu révélateurs de notre façon d'être face aux autres, et nous repositionnent sur une notion clé : la part de vulnérabilité que nous sommes prêt·es, ou pas, à dévoiler.

La vulnérabilité, une faiblesse ?

Qu'est-ce qu'être vulnérable ? C'est accepter de se mettre à nu, de baisser sa garde, d'enlever le masque. D'ailleurs, étymologiquement, la vulnérabilité désigne la possibilité d'être blessé·e, c'est tout dire... Être vulnérable, c'est choisir l'incertitude face au contrôle, s'accepter dans sa globalité (avec ses forces, mais aussi ses faiblesses), tenter une approche relationnelle différente, s'ouvrir pleinement à l'autre. Accepter sa vulnérabilité, c'est être parfaitement au clair avec soi-même : connaître ses limites, ses difficultés, ses points de faiblesse, ses failles, ses petites et grandes hontes, et ses blessures. C'est aussi laisser ses émotions s'exprimer, partager ses incertitudes en toute transparence. Et quelle libération de le faire ! Déposer son armure du paraître montre aussi qu'on ne craint plus d'être attaqué·e ou jugé·e. C'est apparaître sous le nouveau jour de l'authenticité. Il est plus compliqué d'affaiblir une personne qui révèle ses faiblesses en plein jour, qui fait tomber son masque, car l'autre a moins de prise sur elle. Il est difficile de s'assumer pleinement, avec ses failles, mais cela représente un tout premier pas vers la complétude de son être.

La question légitime que l'on peut se poser est la suivante: que se passe-t-il si une personne authentique se retrouve face à une personne malveillante? Le jeu est biaisé et il est plus complexe pour cette dernière de trouver une prise, puisque les imperfections sont pleinement assumées... En analyse transactionnelle, une méthode d'analyse de la personnalité et un outil thérapeutique créé en 1958, on évoque la notion de crapaud intérieur, afin de définir une partie blessée en nous que nous essayons à tout prix de cacher aux autres. C'est seulement quand on accepte de lever le masque et d'accepter pleinement son crapaud, que le prince ou la princesse en soi peut enfin se révéler!

La vulnérabilité, une grande force

Loin d'être une résignation, l'acceptation de sa part de vulnérabilité, c'est dire «Je ne suis pas parfait·e, et alors?». Personne n'est parfait! Ce travail de vérité, envers soi d'abord, offre ensuite une ouverture vers les autres. En se montrant vulnérable, on invite aussi autrui à renouer avec sa propre authenticité, à jouer franc jeu avec nous, car il n'y a justement plus d'enjeux. Vous avez livré sur un plateau votre part d'ombre, vos grandes faiblesses, vous n'avez donc plus rien à cacher. Cette authenticité peut surprendre les gens de prime abord, et créer ensuite de vrais liens relationnels. Perçue comme une faiblesse, la vulnérabilité est en réalité une grande force, car on prend le risque d'être blessé·e, critiqué·e, rejeté·e pour ce que l'on est vraiment au fond de nous. Une fois cette barrière franchie, l'intimité et l'empathie prennent le dessus sur la crainte de déplaire.

En se montrant vulnérable, on invite l'autre à l'être aussi. La vulnérabilité nous permet ainsi d'être connecté·es aux autres, différemment, sur le fil du cœur et sur sa fréquence. Se montrer vulnérable, c'est avoir assez confiance en la vie pour se présenter sans armure et sans peur, dans notre pleine humanité. L'être humain est par nature imparfait, mais cela exige un grand travail sur soi que de l'accepter.

L'effet inattendu de la vulnérabilité assumée : quitter l'avoir pour aller vers l'être

Lorsque l'on partage sa vulnérabilité, l'un des effets les plus déroutants, c'est que l'on s'accepte pleinement tel·le que l'on est. Et c'est en s'aimant soi-même, en s'apportant l'amour dont on a besoin, qu'on se libère aussi du besoin des autres, de la peur du jugement des autres, et de la crainte de perdre leur amour. Et si, finalement, le développement de la spiritualité était un moyen simple de renouer avec son être profond, son soi authentique ? De quitter l'avoir, le monde du paraître, du faux-semblant et de l'ego pour l'être ?

FAIRE TOMBER LES MASQUES

Dévoiler sa vulnérabilité, c'est faire tomber les masques de sa personnalité. Mais savez-vous qui vous êtes vraiment ? Pour le savoir, il faut déjà identifier votre masque social, celui qui cache votre vraie personnalité.
Remémorez-vous une situation passée qui vous laisse insatisfait·e. Comment vous êtes-vous comporté·e, en toute honnêteté envers vous-même ? Que cela peut-il signifier sur vous ?
Chaque soir, vous pouvez faire ainsi un zoom sur un moment de la journée et ensuite essayer de comprendre si vous avez tendance à embellir les événements (un peu comme sur les réseaux sociaux), à les minimiser, à confondre votre fonction sociale et vous-même… En effet, dans nos sociétés, où le paraître et la fonction sociale occupent une place importante, nous pouvons rapidement être amené·es à mélanger notre profession (ou notre classe sociale) et notre personne. D'ailleurs, on se définit souvent par sa profession : « Je suis journaliste », « Je suis professeur·e »… Or, le métier ne correspond pas à notre essence profonde.

Une fois tous les masques identifiés et tombés, on peut tranquillement faire ses premiers pas vers l'authenticité :

- On se recentre sur soi, ses aspirations, ses désirs. Comment savoir si l'on est dans le juste ? Si l'on est centré·e sur soi, on ne cherche pas l'approbation des autres, du succès ou une reconnaissance. On accomplit les choses pour soi, sans attendre de retour ou de résultat particulier. On prend du temps pour soi. On reste relié·e à son corps.
- On émet des intentions qui vont se transformer en actions dans notre quotidien. Et on n'hésite pas à demander de l'aide pour la réalisation de nos actions !
- On vit en conscience, en respectant nos valeurs et nos intentions.
- On est présent·e pour les autres (avec un sens de l'écoute réelle, pas une simple écoute téléphonique) et pour soi (déconnexion lors de ses activités), et on partage nos ressentis, aussi bien positifs (à travers la gratitude par exemple) que plutôt négatifs. Et cela sans pour autant rejeter la faute sur l'autre. Offrir sa présence ne signifie pas se transformer en donneur·euse de leçons. C'est simplement être présent·e, à l'écoute, sans jugements, sans conseils.

En maintenant cette boussole intérieure de l'authenticité, nos relations aux autres sont plus simples et plus fluides. Il nous est par exemple plus simple de dire « non », car nous sommes dans notre justesse intérieure et dans le respect de nous-mêmes. Cela suppose un travail sur soi d'acceptation de ses parts d'ombre et de croissance de ses parts de lumière. Par exemple, prendre du temps pour vous former à des activités qui vous intéressent (sans forcément y rechercher un but mercantile ou une activité commerciale) est un formidable moyen de cultiver votre authenticité.

LA PYRAMIDE DE MASLOW

On évoque souvent les besoins humains et l'importance de savoir y répondre. Mais connaissez-vous vos besoins fondamentaux pour vous réaliser? Abraham Maslow (1908-1970), un psychologue américain, a mis au point une pyramide éponyme pour représenter la hiérarchie des besoins humains. Il a identifié cinq catégories:

- **Les besoins vitaux ou physiologiques:** boire, manger, dormir, respirer, se vêtir, etc.
- **Les besoins de sécurité et de protection:** avoir un logement, gagner sa vie, etc.
- **Les besoins d'amour et d'appartenance:** avoir une famille, des ami·es, vivre une histoire d'amour.
- **Les besoins d'estime:** reconnaissance de ses ami·es, de son employeur·euse, respect d'autrui.
- **Les besoins d'accomplissement:** apprendre de nouvelles choses, voyager, vivre son plein potentiel.

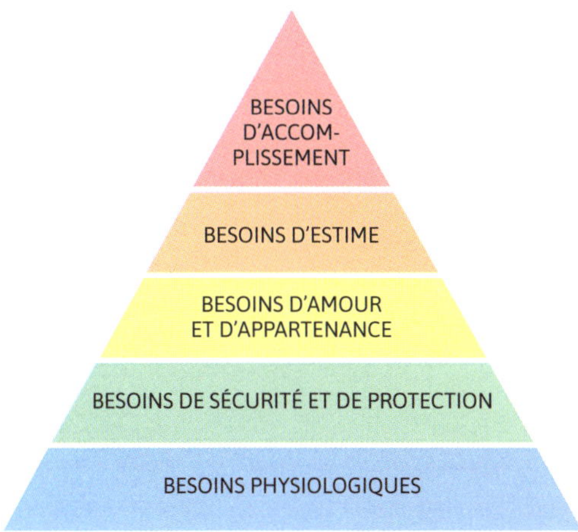

La pyramide de Maslow

QUELS SONT VOS BESOINS ?

Dans une situation qui vous met dans l'embarras, mettez-vous sur pause et analysez ce qui se passe dans votre corps et dans votre tête. Quel besoin n'est pas satisfait ? Comment faire pour y répondre ?

Par exemple, vous rentrez d'un week-end romantique et vous retrouvez votre cuisine dans un état pitoyable, car votre adolescent·e n'a pas nettoyé la vaisselle, ni trouvé le chemin du lave-vaisselle. Comment vous sentez-vous ? Que cache cet énervement ? Avez-vous besoin d'ordre chez vous ou de respect sous votre toit ? Une fois le besoin identifié, il est nécessaire de communiquer (ici avec votre enfant) pour trouver une solution acceptable pour les deux parties.

Chaque émotion qui vous dérange, comme la tristesse, la déception ou l'envie, cache un besoin non satisfait. À vous de trouver lequel !

Les gens ne devraient pas toujours réfléchir à ce qu'ils doivent faire, ils devraient plutôt penser à ce qu'ils doivent être. S'ils étaient seulement conformes à leur nature, leurs œuvres pourraient briller d'une vive clarté.

MAÎTRE ECKHART

Quand le spirituel s'incarne dans la matière

Inviter le spirituel dans sa vie, c'est entreprendre une exploration personnelle à la découverte de son âme. Et il n'est pas nécessaire ici de se transformer en moine bouddhiste ! On oppose trop souvent le spirituel (les affaires de l'esprit et du divin) au matériel (les affaires terre à terre). Pourtant, la matière, c'est l'essence même de la vie sur Terre. Qu'il s'agisse de nos interactions avec les autres ou encore de notre rapport à l'argent, de nombreuses situations du quotidien nous offrent l'opportunité d'intégrer de la spiritualité dans nos actions. Chaque seconde, nous avons le choix de nos comportements. Inutile de partir en retraite à Bali, nous pouvons chaque jour, ici et maintenant, agir en fonction de nos valeurs spirituelles.

Il s'agit en réalité d'insuffler en nous une autre façon de voir et de conduire (ou de nous conduire dans) notre vie, en dehors des retraites spirituelles... Par exemple, nous pouvons simplement veiller à notre façon de nous adresser aux autres : aider notre prochain, mettre à profit nos facilités et compétences pour le bien de tou·tes (une facilité à écrire, à concevoir des plans, à ranger et mettre de l'harmonie dans les intérieurs). Le plus important ? Toujours éviter de développer des sentiments de haine ou des ressentiments... Chaque jour, de très nombreuses occasions nous sont données d'insuffler de la spiritualité dans nos vies.

Comme toute exploration, cette quête de sens peut s'accompagner d'épreuves à traverser, de barrages à franchir et d'étapes à valider, le tout avec des hauts et des bas. Mais dans ce processus, au fil de notre existence, nous serons en mesure de comprendre que toutes les réponses se trouvent en nous et ne dépendent pas de circonstances extérieures. Certain·es, dans une forme de scepticisme, diront que des événements traumatisants, comme la perte d'un être cher, peuvent empêcher notre évolution spirituelle. Et l'on pourra répondre que l'événement est un fait inchangeable, mais que la façon de le vivre et de le transcender dépend entièrement de nous.

Comment s'ouvrir à ce voyage vers votre âme ?

Partir à la rencontre de son âme est primordial pour apprendre à connaître son être. La transition vers l'ère du Verseau est une invitation à nous (re)trouver. Voici quelques pistes pour vous inspirer, mais bien sûr il y en a d'autres !

- **Voyagez seul·e.** C'est tout d'abord un voyage personnel que vous devez entreprendre seul·e, en vous concentrant sur votre être intérieur. Pas question de tout quitter, de couper les liens avec votre entourage personnel ou professionnel, l'idée est de cheminer à votre rythme. Ce n'est pas pour autant que nous évoluons sans les autres. Notre chemin est individuel, mais s'enrichit des autres et se met au service de la collectivité.
- **Mettez en place de nouvelles habitudes** qui vous conviennent. Vous pouvez vous inspirer des autres, mais dans le domaine de la spiritualité, il n'y a pas de dogme comme dans les religions. Certain·es auront besoin de se plonger dans des lectures saintes, d'autres de ne plus consommer de viande. Écoutez-vous et fiez-vous aux activités qui au moins vous font du bien, et dans le meilleur des cas vous font grandir, l'idée étant de devenir chaque jour une meilleure version de vous-même. N'hésitez pas à vous lancer à la découverte de nouvelles pratiques : il existe de nombreux stages de découverte sur une durée d'un week-end, des ouvrages et blogs spécialisés pour vous cultiver sur le chamanisme, les rituels de néo-sorcières, les médecines philosophiques comme l'ayurvéda, ou les techniques centrées sur l'énergie (comme le Lahochi, une technique de soins avec apposition des mains, à l'image du magnétisme...). En fait, tout ce qui vous permet de déconstruire ce que vous pensiez connaître jusqu'alors vous sera bénéfique.
- **N'imposez rien aux autres.** Ce n'est pas parce que vous avez entamé une phase de transformation que vous devez l'évoquer de manière constante ou inciter les autres à entamer leur mue.

La force de la foi et de la prière

La prière, un acte des plus personnels (et une pratique commune à de nombreuses religions, mais ici il ne s'agit pas de prière religieuse), est l'invocation d'une force inconnue plus grande que nous. Cette pratique spirituelle a pour essence de vouloir entrer en communication avec une force supérieure. Certain·es l'appellent Dieu, d'autres l'Univers, ou la Source... peu importe. La prière est un moyen de demander quelque chose, d'émettre une intention. La foi permet de croire que la prière peut s'exaucer. Ce moment intime offre une introspection, un point sur sa vie et un grand moment de réconfort. De la prière naît l'espoir.

QU'EST-CE QUE L'INTENTION ?

L'Univers est régi par des lois universelles que nous avons évoquées précédemment (voir page 68). Nous n'avons toutefois pas encore abordé une autre notion clé, celle de l'intention. Lorsque l'on adhère à l'idée des sept lois de l'Univers, on s'appuie sur l'intention pour voir nos désirs se manifester. L'intention représente le premier pas de la réalisation. Lorsque je veux une belle maison, une promotion, rencontrer un·e partenaire de vie, j'émets un vœu clair, sans l'ombre d'un doute, je « sais » que je vais obtenir satisfaction, et je me mets en action. La pensée doit forcément s'accompagner d'une action dans la matière. Par exemple, si je veux déménager et trouver une belle maison à mon goût, je peux d'ores et déjà consulter les annonces immobilières. Si je souhaite rencontrer l'âme sœur, m'inscrire sur un site de rencontres est une première étape assez logique, etc. L'intention, c'est l'action de semer des graines. En spiritualité, l'intention joue un rôle important. Selon la loi de l'attraction, je deviens ce que je pense. C'est assez simple à comprendre si l'on admet la force de la pensée (voir exercice ci-après).

En pensant et en formulant une intention (« Je veux »), on émet une énergie qui va devenir de plus en plus forte au fur et à mesure que nous nous concentrons sur notre désir profond... jusqu'à se réaliser.

L'intention, c'est le cap que vous vous fixez (consciemment ou inconsciemment, d'où l'importance de soigner ses mots et ses pensées).

Les pensées négatives (du type « Je ne mérite pas de rencontrer l'amour, ce n'est pas pour moi ») nuisent au processus de manifestation. Croire de manière inconditionnelle à ce que l'on souhaite voir se réaliser, sans l'ombre d'un doute, est essentiel dans le pouvoir de l'intention, même si c'est difficile.

L'intention doit venir du cœur et vibrer d'authenticité. Vous désirez au plus profond de votre être. L'énergie créatrice va d'autant plus se manifester si vous parvenez à visualiser dans le détail le résultat de votre souhait, en ressentant physiquement les bienfaits, comme si vous aviez déjà obtenu tout ce que vous désirez. Votre intention est votre raison de vivre, votre quintessence.

Voici quelques conseils pour vous guider :

- Énoncez soigneusement votre demande, sans utiliser de forme négative (« Je ne veux pas de... »), ni de formules alambiquées. Soyez clair·e et précis·e.
- Pensez-y sans aucune forme de doute, avec une foi inébranlable. Pour vous aider, vous pouvez imaginer que c'est déjà accompli.

  Par exemple, si vous désirez plus d'abondance financière pour mieux vivre, comportez-vous comme si c'était déjà le cas. Bien sûr, il n'est pas question ici de dépenser de l'argent que vous n'avez pas encore gagné et de vous mettre en difficultés, mais plutôt de vous comporter comme si vous possédiez de l'argent. Laissez un pourboire, essayez des vêtements que vous vous offrirez, regardez les chambres d'hôtel que vous comptez réserver... Les plus sceptiques vous diront qu'il manque des étapes concrètes, comme réaliser un budget prévisionnel, se fixer une somme à ne pas dépasser, etc. Ce sont là des limites du mental (qui a besoin de contrôler et de tout comprendre). Si vous faites appel à la loi de l'attraction, vous devez absolument sortir de ce schéma de pensées et vous comporter « comme si » vous possédiez cet argent que vous espérez, afin d'envoyer les bonnes vibrations. Le pourboire est un excellent exemple. Cette générosité de quelques euros ne vous causera pas de préjudice financier, mais il enverra les bons signaux.

- Demandez… et attendez. Vous allez être surpris·e des résultats. Pendant cette période, ouvrez-vous aux signes et aux synchronicités (ces événements qui semblent être dus au hasard, mais qui en réalité ne le sont pas).

- Armez-vous de patience. Les choses arrivent toujours quand elles doivent arriver.

TESTER LE POUVOIR DE L'INTENTION

On parle souvent du pouvoir de l'esprit sur la matière… Cependant, quoi de plus efficace que l'expérience pour comprendre le fonctionnement de ce fabuleux outil à notre disposition ?
Pour ce faire, préparez deux objets (deux plantes, deux verres d'eau ou deux bols de riz cuit par exemple).

- **Objet 1 :** envoyez-lui des pensées d'amour, de joie, de bonheur, de gratitude.

- **Objet 2** : envoyez-lui des pensées de haine, de rejet, d'abandon, d'agressivité.

À chaque fois que vous passez devant l'objet 1 et 2, envoyez-leur à chacun un mot clé opposé (comme « amour » à l'un, et « haine » à l'autre). Et vérifiez le résultat au bout de quelques jours pour le riz et l'eau, et un peu plus longtemps pour la plante. En clair, l'objet aimé va s'épanouir (pour la plante) et avoir bon goût (pour l'eau et le riz), se maintenir en bonne santé ou… dépérir (pour la plante et le riz). Cette expérience est très facile à réaliser, je ne peux que vous inviter à la mener pour constater par vous-même les effets des mots et des pensées sur la matière.

Il faut toujours prier
comme si l'action était inutile
et agir comme si
la prière était insuffisante.

SAINTE THÉRÈSE DE LISIEUX

Qu'est-ce que l'éveil des consciences ?

Un passage d'une réalité à une autre

L'ère du Verseau annonce un retour à la spiritualité, à la recherche du divin en soi. Or, dans le milieu de la spiritualité, les concepts d'éveil spirituel ou d'éveil des consciences sont déjà bien présents. D'ailleurs, le choix du mot « éveil » est assez intéressant, comme si nous étions endormi·es jusqu'à présent. Les sorties de nombreux oracles, de livres sur la spiritualité, de podcasts consacrés à l'ésotérisme et à la médiumnité, et les propositions de stages divers sur la découverte du soi véritable témoignent depuis quelque temps d'un intérêt profond et grandissant pour le changement. On parle d'ailleurs de plus en plus souvent d'éveil de conscience collectif. De quoi s'agit-il ?

Un éveil spirituel est ce moment très particulier de bascule, où l'on passe d'un monde de vérités certaines et établies à un autre monde, une autre réalité que la matérialité. On s'interroge sur ce qui a du sens dans notre vie, on s'ouvre à une autre réalité, on invite le sacré et le divin dans notre existence, on accepte de ne pas être tout·e-puissant·e. Les spécialistes disent que l'éveil spirituel est une réponse à un appel de notre être tout entier, de notre cœur, et non pas de notre raison ou de notre mental (bien trop rationnel !).

Processus de profonde transformation, l'éveil spirituel charrie avec lui son lot de changements. Cette quête d'une nouvelle voie nous permet de trouver des réponses et de mieux comprendre notre nature profonde. Notre vision du monde peut aussi être chamboulée par cet éveil.

L'éveil spirituel nous pousse à rechercher une paix durable et une sérénité profonde liée à notre intériorité. Cela signifie que ces sentiments et ressentis viennent de notre intérieur (nos pensées, notre façon de voir les choses et de réagir face aux événements) et non de l'extérieur. Ce n'est pas l'autre qui nous rend heureux·se, mais nous-mêmes qui sommes pleinement responsables de notre bonheur. La connexion aux mondes subtils et immatériels peut aussi favoriser cet éveil. Ainsi, l'éveil de conscience est un cheminement vers plus de spiritualité, une ouverture de la conscience vers d'autres réalités, un détachement des considérations matérielles, un questionnement de l'ego.

On évoque également l'éveil spirituel quand, à travers nos lectures, nos questionnements, nos nouveaux modes de vie, on bascule vers une autre réalité laissant place à une part divine et sacrée plus importante que la part matérielle de notre vie. Cet éveil passe par un questionnement lié au sens profond de notre vie : qui sommes-nous ? D'où venons-nous ? Quelle est notre mission de vie, celle dans laquelle notre âme s'épanouit ?

Ces interrogations plus ou moins difficiles selon les personnes peuvent s'accompagner d'une ouverture vers le monde subtil des anges, des signes et des synchronicités, d'un nouveau monde invisible qui fait appel à notre cœur plus qu'à notre raisonnement. Cet éveil est susceptible de passer par un cheminement personnel, des questionnements, des lectures diverses et variées, des participations à des conférences, des visionnages de vidéos… jusqu'à ce qu'enfin l'on comprenne intrinsèquement une nouvelle réalité. En parallèle de cette version « douce », certaines personnes vivent un choc violent (accident, expérience de mort imminente, maladies, perte de personnes chères…) qui les fait basculer sans ménagement dans un autre monde.

Les conséquences de cet éveil

Quelles sont les implications de cet éveil ? Elles reflètent tout simplement une autre façon d'appréhender la vie et de nous placer dans l'Univers ! Cette recherche de notre identité réelle, la reconnexion à notre être entraînent en effet un changement de prisme et une nouvelle compréhension du monde.

Les grandes révélations de l'éveil spirituel :

- Notre corps physique n'est pas tout. Nous sommes également doté·es d'un corps spirituel.
- Il existe un plan dit supérieur, immatériel, sacré, éloigné du matériel.
- L'amour est la clé de tout.
- Tous les êtres vivants sont reliés les uns aux autres, nous faisons partie d'un même ensemble.
- Nous sommes capables de trouver en nous tout ce dont nous avons besoin et que nous cherchons pourtant à l'extérieur : reconnaissance, amour, confiance...

Cette prise de conscience nous invite à trouver et à exprimer notre vraie nature, la personnalité de notre être, en nous libérant le plus possible des contraintes de l'ego et des peurs. S'accrocher au moment présent, la seule réalité tangible, permet de rester pleinement connecté·e à soi et aux autres. Mais dans quel but ? Il est parfois difficile d'expliquer les bienfaits d'un tel changement de prisme. Celles et ceux qui font entrer plus de spiritualité dans leur vie évoquent des moments de plénitude, de calme, d'harmonie intérieure et de joie, avec ce sentiment inexplicable de fusion et d'amour enveloppant.

Nous ne sommes pas des êtres humains vivant une expérience spirituelle, nous sommes des êtres spirituels vivant une expérience humaine.

PIERRE TEILHARD DE CHARDIN

Les supports utiles

Parmi les moyens mis à votre disposition pour réfléchir à cette autre réalité (méditation, respiration, introspection, prière, silence, etc.), il ne faut bien sûr pas oublier la lecture. De nombreux ouvrages de vulgarisation existent (et c'est une bonne chose pour nous), mais comme l'explique très justement Léa Lezé (voir entretien page 103), rien ne vaut la plongée dans les livres sacrés, d'abord pour s'imprégner d'une certaine énergie, et ensuite pour se questionner à la source. N'hésitez pas à expérimenter par vous-même le chemin de la spiritualité et à trouver votre propre vérité, par le biais d'ouvrages grand public ou plus spécialisés. Parmi les écrits à notre disposition : les textes sacrés de toutes les religions comme la Bible, le Coran, la Torah, les Évangiles, ou les écrits de philosophes comme Platon, Aristote, Nietzsche, Kant, et bien sûr tous les livres actuels (voir bibliographie page 188). Tous ces ouvrages sont des invitations à nous interroger, à trouver ce qui résonne en nous et donne du sens à notre existence.

ATTENTION À L'EGO SPIRITUEL !

Plus insidieux que l'ego tout court, l'ego spirituel s'appuie sur des valeurs comme la sagesse ou la vertu pour nous entraîner dans un sentiment de supériorité aux autres. Ainsi, notre cheminement spirituel est détourné de sa fonction première pour servir une cause moins noble. En clair, et avec ce prisme égotique, il y a les « éveillé·es »... et les autres. L'écueil ? Se positionner comme un·e « sachant·e » face aux autres personnes qui semblent moins avancées sur le chemin spirituel.

Voici quelques signes à surveiller et à contrer lorsque l'ego spirituel se réveille :

- Les pensées selon lesquelles les autres sont plus ou moins éveillé·es par rapport à votre cheminement. En réalité, chacun·e avance à son rythme, sans comparaison possible.

- L'expression de notre avis à tort et à travers, en mettant en avant nos connaissances dans le domaine spirituel.
- Le fait de ne pas écouter les autres.
- L'absence d'humilité.
- La difficulté à gérer les critiques émises à votre encontre.

Comment éviter de tomber dans l'ego spirituel ? En ne cessant jamais d'apprendre et d'évoluer. Chaque rencontre, chaque événement, chaque contrariété représente une nouvelle opportunité de devenir une meilleure version de soi, de mieux se comprendre et de franchir des stades. La vie est un perpétuel cheminement.
Voici quelques pistes à suivre pour rester sur le chemin de l'éveil :

- Auto-analysez-vous afin de bien connaître vos faiblesses et vos points d'amélioration.
- Restez humble et bienveillant·e envers les autres et vous-même.
- Cultivez la gratitude chaque jour.
- Aidez les autres autant que possible, sans jamais les faire se sentir inférieur·es à vous.

Entretien avec Éric Fauroux, coach spirituel, coach de méditation, canal de Maître Saint Germain

Il est aussi l'auteur du livre *Entrez dans l'ère du Verseau – Manuel pratique pour révéler votre potentiel et devenir Porteur de Lumière* (2023, Animae). Retrouvez-le sur son site Internet : https://ericfauroux.com/

Qu'est-ce qu'un *channel*, ou canal ?

Un *channel*, ou « canal », est une personne capable d'entrer en connexion avec l'invisible. De créer un pont entre le monde incarné, visible, et le monde « spirituel », au-delà du voile du visible. En fonction de ses propres fréquences et croyances, il peut se connecter sur différents plans et dimensions.
Les grandes religions, dites abrahamiques, croient aussi en l'existence des anges et des archanges, qui sont des êtres lumières et des êtres célestes, chargés de missions auprès des humains, comme protecteurs ou messagers.
Il arrive que ces êtres entrent en contact avec le monde matériel. Ils se manifestent à travers les médiums channels, des personnes dotées d'une capacité à communiquer avec les esprits et les entités invisibles, afin de transmettre des messages. Personnellement, je suis canal de Maître Saint Germain, dont j'ai retranscrit les messages dans mon livre. En tant que guide spirituel, il nous transmet des enseignements, des exercices et des résonateurs énergétiques pour nous guider dans cette aventure.
Son désir est de vous accompagner pour vous aider à vous révéler dans votre vraie nature divine, après avoir laissé tomber les voiles de l'ignorance, de la souffrance, de vos incertitudes mentales et matérielles. Pour vous aider à vous déployer dans l'amour, la paix au travers de votre présence.
Le chamanisme utilise aussi cette forme de communication pour amener des guidances, des protections, des énergies curatives. Les esprits de la nature se manifestent à travers des chamanes.

Seuls les croyances, les rituels et les êtres de lumière changent au gré des dogmes et des traditions.

Quels conseils donne-t-il à quelqu'un qui veut renouer avec la spiritualité ?

Il convient de s'entendre sur ce qu'est la spiritualité. Mais en donner une définition qui englobe toutes ses formes est un défi, car la spiritualité est profondément personnelle et se manifeste de différentes manières pour chacun·e. Cependant, nous pourrions dire que la spiritualité est une quête personnelle qui cherche à explorer, à comprendre et à se connecter à quelque chose de plus grand que soi-même.
Que vous soyez athée en recherche du sens de la vie, que vous soyez sur un chemin spirituel – laïque (yogique, méditatif, philosophique...) ou religieux –, que vous soyez un·e mystique, que vous soyez un·e curieux·se, votre quête nécessite de posséder des outils spécifiques.

Le chemin spirituel ne se parcourt pas avec un mental qui cherche à découper, à analyser la vie. Il s'appuie sur l'apport de connaissances au travers de lectures, d'expériences, de vécus personnels, de rencontres et enfin de ressentis. C'est un chemin exigeant, nécessitant ténacité, courage, foi en soi et dans le mystère de la vie, avant de récolter les fruits : la levée des voiles de l'ignorance, la félicité et la grâce.

Quel rituel simple mettre en place ?

Se vider du trop-plein de soi-même ! Car comment pourriez-vous accueillir le divin, la vie, l'ultime... et ses vérités, ses réalités, son amour, la grâce, si vous débordez de vous-même au travers de vos certitudes, croyances, peurs... ?
Je vous invite à répéter ce rituel simple pour vous engager sur le chemin :

- Mettez-vous intérieurement en posture de contemplation, dans un endroit serein et si possible en présence de végétaux, de la terre, du vivant...

✶ Ensuite, ressentez profondément de la gratitude pour tous les êtres et tout ce qui constitue votre vie.

Cela vous semble trop simple ? Essayez... Très vite, quelque chose de mystérieux et apaisant se glisse en vous !

Auriez-vous un conseil de lecture à donner ?

Les Chemins du sacré de Frédéric Lenoir (2020, Éditions de l'Observatoire) : ce livre est une invitation sensible, poétique, authentique, à découvrir divers chemins spirituels dans le monde. Il nous invite à nous laisser toucher par le mystère de la spiritualité, dont notre vie est une expression.

Dès que tu *avances*
sur le chemin,
le chemin *apparaît*.

RUMI

PARTIE 4

Mieux vivre avec soi et les autres

Parmi les grands chamboulements liés au passage de l'ère du Poissons à l'ère du Verseau figure le repositionnement de l'amour au centre de la vie. L'amour de soi, l'amour des autres, l'amour comme la plus puissante des énergies.
Le Verseau appelle à la solidarité et à l'entraide entre les êtres humains, à la supériorité du collectif sur l'individuel, au triomphe de l'engagement du cœur, mais avant tout il demande un recentrage sur soi, pour ainsi trouver la force nécessaire de se tourner vers les autres. Ces nouveaux paradigmes impliquent des changements à mettre en place dès que possible pour s'imprégner de ces nouvelles énergies.

Si tu veux être *aimé*, *aime*.

SÉNÈQUE

L'ère du Verseau, un mouvement d'abord vers soi

Qu'est-ce que le soi? Quelle est la différence avec l'ego? Doit-on se défaire de l'ego pour s'engager sur la voie spirituelle? Penchons-nous sur ces éléments clés afin de mieux connaître les enjeux qui se cachent derrière l'ère du Verseau.

Comprendre l'ego

L'ego, c'est la représentation que nous avons de nous-mêmes. C'est notre masque invisible, basé sur certaines croyances, sur certaines représentations souhaitées ou voulues de nous-mêmes. Une image mentale fausse et illusoire. Véritable miroir aux alouettes, l'ego nous fait croire que nous sommes une autre personne. Nécessaire à notre évolution, il est aussi limitant si on lui laisse trop de champ d'action. S'il est impossible de ne pas avoir d'ego, la spiritualité essaye cependant de limiter son emprise sur nous. L'ego est un grand allié du mental. Il a en effet une grande tendance à agir avec la tête (le mental, et tout ce qu'il connaît déjà), plutôt que de laisser faire le cœur (capable d'aller vers l'inconnu). L'ego, c'est un peu ce petit personnage intérieur qui parle plus fort que les autres, qui veut avoir raison coûte que coûte (surtout quand il a tort), qui aime se vanter et se mettre en avant, tout en contrôlant son petit monde. Il est capable de tout: mentir, manipuler, jouer la victime. Rien ne lui fait peur! Tant qu'il reste dans sa zone de confort... L'ego déteste l'idée de voyager en terres inconnues! Il n'y a pas plus casanier que lui: pourvu que rien ne change dans ses petites habitudes. Et, pour nous convaincre de ne rien changer, il a plusieurs armes à sa disposition: la peur, le rappel de nos (mauvaises) expériences passées et toutes les croyances limitantes qui nous enferment dans nos schémas répétitifs. Bref, il trouve toujours une tonne de raisons pour nous empêcher de faire, et surtout pour nous empêcher d'être!

Mais l'ego n'est pas que le mauvais bougre de notre personnalité. L'ego nous permet aussi d'exister. Il assure en quelque sorte notre survie, en respectant des croyances enracinées et en s'érigeant contre le gardien de notre petite personne selon des schémas bien ancrés. Par exemple, si vous êtes une femme et que vous avez souffert lors de votre dernière histoire amoureuse, parce que votre partenaire vous a trompée, votre ego ne manquera pas de vous répéter : « Les hommes sont tous des menteurs. » Et il n'en démordra pas, à moins de faire un travail sur vous, et même si vous rencontrez un homme absolument charmant et honnête. L'ego, c'est une machine interne qui répond à des situations actuelles selon certains réglages obsolètes pour vous. Car entre-temps, vous avez évolué, vous avez changé, vous avez vécu des expériences et appris des choses. Si vous restez coincé·e dans l'ego, vous n'arrivez pas à atteindre une part plus subtile de vous, de votre âme. L'ego n'est pas malintentionné (il veut souvent le meilleur pour vous… selon lui), mais en réalité, il est souvent très mal réglé. Toutefois, n'oublions pas qu'il peut être utile, notamment pour le respect de vos limites, et le respect de vous-même et de vos décisions.

Comment savoir si l'ego est aux commandes ?

Voici quelques exemples de situations réelles dans lesquelles l'ego se retrouve à la place du conducteur, au lieu d'être à la place du passager :

- Vous réagissez très mal aux critiques, vous vous êtes déjà fâché·e avec des ami·es à la suite de remarques que vous avez jugées mal placées.
- Vous supportez difficilement qu'on vous dise « non ». Vous vous sentez mal physiquement et moralement, vous ne comprenez pas les raisons de ce refus. Vous vous sentez vexé·e.
- Vous donnez de l'importance, souvent beaucoup trop, aux jugements et aux regards des autres. Selon ce que l'on vous dit, vous vous sentez mal-aimé·e, rejeté·e.

- Vous avez un certain penchant matérialiste: c'est en effet important pour vous de posséder (une grande maison, une belle voiture...). Ce côté rassurant peut vous faire oublier l'essentiel, c'est-à-dire vos vrais besoins, et vous entraîner dans une course du « toujours plus ».
- Quand vous pensez au futur, vous avez tendance à avoir peur de perdre, de manquer, de ne pas avoir... Cette sensation de peur qui domine votre vie peut freiner ou couper vos aspirations.

Comment sortir de l'ego ?

Bien sûr, il est impossible d'être dépourvu·e d'ego, et d'ailleurs il n'est pas souhaitable non plus de ne pas en avoir du tout. Cependant, il est essentiel de limiter son pouvoir d'action. Pour cela, voici quelques pistes de réflexion susceptibles de vous aider à discerner si l'ego est aux commandes... ou pas !

- Pour chacune de vos actions, réfléchissez aux conséquences de vos actes, de vos paroles, de vos décisions sur autrui. Essayez à chaque fois d'être juste et d'agir comme vous aimeriez qu'on agisse envers vous.
- Toujours pour chacune de vos actions, voyez plus loin que votre (petite) personne. Quel impact, quelle empreinte allez-vous laisser sur le monde, sur les gens qui vous entourent ? Cette prise de hauteur permet d'intégrer du sens à vos actes.
- Essayez chaque jour d'être une meilleure version de vous-même, dans votre cercle proche, ou dans votre cercle plus éloigné, sans avoir pour but de devenir à tout prix le Superman de l'humanitaire ou du social.
- Ne cherchez plus d'excuses à l'extérieur de vous (« C'est la faute de mes parents/de la société si... »), entamez un travail sur vous (seul·e ou accompagné·e) et prenez ensuite la pleine responsabilité de votre vie, ici et maintenant.
- Ne critiquez pas les autres, ne les jugez pas, ne colportez pas la critique, les mauvaises nouvelles, etc.

ÉTAPE 1 : IDENTIFIER LES RÉACTIONS DE VOTRE EGO

Comment réagissez-vous quand vous avez tort ?

A- Vous n'avez jamais tort.

B- Vous reconnaissez vos torts et vous excusez si besoin.

C- Vous vivez mal la situation et cherchez des excuses.

Réponses de l'ego : A/C

Quels mots utilisez-vous pour vous encourager ?

A- Bravo, c'est top.

B- Tu peux faire tellement mieux.

C- Il faut se secouer !

Réponses de l'ego : B/C

On vous refuse une demande (exemples : est-ce que tu acceptes de prendre un verre ? Est-ce que je peux postuler pour la promotion ? Est-ce que tu veux partir avec moi en week-end ?)

A- Vous vous offusquez, vous n'êtes pas « personne ».

B- Vous acceptez ce choix.

C- Vous trouvez une autre piste pour obtenir ce que vous désirez.

Réponses de l'ego : A

ÉTAPE 2 : COMPRENDRE LE LANGAGE DE VOTRE EGO

Cette petite voix dans la tête, qui vous juge et vous enferme dans vos vieux schémas de pensées, que vous dit-elle exactement ?
Exemples : « Je suis nul·le », « Il a eu raison de te quitter », « Laisse tomber, ce poste n'est pas pour toi ».
À vous de jouer ! Pour cela, prenez conscience de la façon dont votre ego vous parle et notez-la. Une fois ces tournures de phrases identifiées, il vous sera plus facile de déterminer quand votre ego est aux commandes !

QU'EST-CE QUE LA NON-DUALITÉ ?

Pour comprendre le concept de non-dualité ou d'unicité, il faut déjà comprendre que la dualité est un concept inhérent à notre vie sur Terre et qui évolue en chacun·e de nous. Le bien, le mal. Le jour, la nuit. L'ombre, la lumière. Le féminin, le masculin. Le positif, le négatif… On dit quelque chose, on fait le contraire. On aime le matin, on déteste le soir. On a envie, on n'a pas envie. La dualité, c'est cette polarité qui nous accompagne depuis toujours. Tout n'est pas toujours tout blanc dans nos têtes : les pensées positives chassent les pensées négatives, mais nos peurs empêchent nos rêves et nos espoirs de se réaliser. Cette dualité naturelle fait partie de la nature humaine.
Or, la spiritualité, en nous invitant à nous dépasser, transcende cette dualité. Comment est-ce possible ? Tout simplement en nous montrant que c'est une illusion de notre mental pour cataloguer les choses, les gens, les situations ; que notre ego se complaît dans ces dichotomies

qui arrangent bien sa survie. Or, sous le prisme de la spiritualité, la réalité est tout autre ! Tout voir sous l'angle de la dualité, c'est en effet regarder par le petit bout de la lorgnette une infime partie de la réalité. Rester sur certaines apparences et en oublier l'essentiel. Devenir plus spirituel·le, c'est s'ouvrir à de nouvelles notions, comme celle de la conscience universelle, à ce qui nous relie les un·es aux autres, au grand mystère de la vie.

Ainsi, plusieurs courants spirituels (hindouisme, bouddhisme, taoïsme...) évoquent le concept de non-dualité comme une autre compréhension de la réalité. Le plus connu est sans aucun doute celui de l'enseignement de Bouddha sur l'impermanence de la vie. Rien n'est éternel, tout apparaît, tout disparaît, chaque chose de ce monde est en perpétuel changement.

Concrètement, la dualité consiste à scinder le monde en deux pôles. Certaines expressions simples peuvent éclairer ces propos : j'aime/je n'aime pas, c'est bien/ce n'est pas bien. Dans ce cas de figure, l'ego est aux commandes. À l'inverse, la non-dualité promet de rassembler toutes les polarités, toutes les contradictions, pour trouver l'harmonie dans une unité en mouvement constant. La non-dualité est un des concepts spirituels les plus difficiles à assimiler et à appliquer. En effet, effacer toute dualité et renouer avec l'unicité demandent de renoncer à nombre de nos croyances et de nos réflexes, comme lâcher l'ego.

Vivre pleinement dans le moment présent

Le moment présent est une notion essentielle lorsque l'on commence à s'intéresser à la spiritualité. Pour quelle raison ? Tout simplement parce que l'ego est dans le « faire », toujours en mouvement, nous empêchant « d'être ». Or, notre être, justement, a besoin de présence pour exister. Entre le faire de l'ego et la présence de l'être, il faut donc choisir ! Le moment présent ramène notre esprit à ici et maintenant, sans craindre le futur, sans regretter le passé. Seul compte ce qui est.

Comment être dans l'instant présent ?

* **Faites appel à vos sens.** Être dans le moment présent, c'est *sentir* et habiter son corps, *percevoir* les odeurs, *voir* ce qui se passe autour de soi, *entendre* les bruits de l'environnement. La contemplation d'un paysage, d'une scène, en faisant appel à ses sens, est un moyen de se recentrer sur le présent.
* **Méfiez-vous du multitâche.** C'est l'ennemi juré de l'instant présent. Regarder un film et répondre à un e-mail. Ranger la maison et écouter ses enfants. Manger et scroller sur son téléphone... C'est soit l'un, soit l'autre, pour être pleinement présent·e à l'instant.
* **Revenez à la respiration et au corps.** Si vous sentez que votre tête décroche, que vos pensées s'emballent, que l'anxiété ou les remords guettent, revenez à la respiration, en répétant par exemple : « J'inspire et je sais que j'inspire, j'expire et je sais que j'expire. » Il vous sera alors impossible de vous laisser happer par le mental qui, lui, ne peut pas faire deux choses à la fois. L'attention est le meilleur ami du moment présent.
* **Choisissez des activités bénéfiques pour l'esprit et le corps.** Plusieurs disciplines et routines de vie peuvent aider à aiguiser son esprit et ainsi développer une conscience différente, axée sur la réalité non duelle. Au premier rang, citons *la méditation*, qui permet de se raccrocher au moment présent, ici et maintenant, sans se laisser parasiter par les pensées (du passé

ou du futur). Pour celles et ceux qui n'aiment pas s'asseoir en tailleur, *la méditation de pleine conscience* (ou *mindfulness* en anglais) favorise notre concentration sur l'activité (jardinage, cuisine ou autre…) ou sur l'expérience en cours (marche en ville, écoute des conversations, perception des bruits…) sans porter aucun jugement sur ce qui est. Cette activité est d'ailleurs proche de *la contemplation* de la nature. Pour les personnes qui ont besoin d'action dans leur vie, *se mettre aux services des autres*, à travers un engagement associatif par exemple, permet d'agir pour la bonne cause, sans chercher de retour gratifiant. Aiguiser sa sensibilité à la non-dualité consiste aussi à éviter d'être simplement « contre », et à être tout aussi « pour ».

L'INSTANT PRÉSENT EST-IL COMPATIBLE AVEC LES PROJETS À VENIR ?

Oui, bien sûr ! Il y a un temps pour tout, y compris un temps pour planifier. Si vous souhaitez par exemple partir en vacances, il va bien entendu falloir anticiper un minimum et effectuer vos réservations (les billets, le logement, etc.). En fait, être dans le moment présent, sans trop se projeter dans le futur, ne doit pas vous empêcher d'avoir des projets ! Vous pouvez vous fixer des objectifs, prévoir des expériences à vivre (visiter un musée, faire de la plongée…) et consacrer du temps à l'avancement de vos projets. La planification va vous servir à organiser tout cela. Il est donc important de prévoir du temps dans votre agenda, ainsi que de l'énergie. Mais une fois que c'est fait, privilégiez le retour à l'action et au moment présent.

QU'EST-CE QUE LE *FLOW*, CETTE MANIÈRE UNIQUE D'ÊTRE DANS L'INSTANT PRÉSENT ?

On parle d'état de *flow* (traduisible par « flux ») quand tout est fluide, tout se passe comme sur des roulettes, que vous êtes bien, là où vous devez être. Certaines activités qui réclament une pleine attention permettent d'atteindre cette sensation où le temps n'existe pas. Il peut s'agir d'écriture, de sport, ou de la réalisation d'un puzzle par exemple... toute activité qui demande de la concentration intense et invite à profiter du moment présent. Notre esprit est tellement absorbé par ce qu'il accomplit que le temps ne compte plus. Il peut même arriver qu'on se coupe de tout son extérieur, comme si on était dans une bulle de bien-être. Ce *flow* procure une intense sensation de confort, quand notre corps et notre esprit sont parfaitement alignés et absorbés par l'instant présent.

**La vie, c'est maintenant.
Il n'y a jamais eu de moment
où votre vie n'était pas maintenant,
et il n'y en aura jamais.**

ECKHART TOLLE

De l'ego au soi

Lors de ce cheminement intérieur, la question se pose ainsi de lâcher le « moi », l'ego, pour se tourner vers le « soi », l'essence de l'être. Certes, il n'est pas aisé de laisser l'ego au vestiaire, mais le faire taire permet de se défaire de certaines couches de superficialité qui nous empêchaient de pleinement nous développer. Ne plus donner libre accès à l'ego favorise une meilleure connexion aux autres dans un but commun, et aide à faire preuve de compassion.

Qu'est-ce que le soi précisément ? Le soi est notre partie la plus intime et mystérieuse. Certain·es l'appellent l'âme, d'autres l'Être ou l'essence sacrée. Être dans le soi, c'est toucher du doigt la notion d'amour inconditionnel. Cette dimension d'infini et de plein potentiel, en dehors de toute limitation de croyances et de peur, offre à chacun d'entre nous l'opportunité de conscientiser sa propre part divine. Le « soi », c'est aussi ce que l'on appelle communément notre « vrai moi », celui qui existe si on enlève toutes les couches de pseudo-personnalité, d'injonctions assimilées et de peurs. Car la bonne boussole pour savoir si on est dans l'ego ou dans le soi, c'est justement la balance entre l'amour ou la peur. L'ego agit par peur, l'âme par amour. À chaque instant de doute, à chaque questionnement, demandez-vous quel est le sentiment qui vous domine. Si c'est la peur (de mal faire, de perdre, de manquer), vous êtes encore dans l'ego. Si c'est l'amour (de vous, de votre prochain, du monde), vous êtes dans le soi. C'est aussi simple que ça. L'amour et la peur ne vont pas dans la même direction et ne sous-tendent pas les mêmes choix. Lâcher l'ego pour le soi, c'est aussi s'investir et mettre son énergie dans une mission qui peut dépasser tout ce que nous connaissions jusqu'alors. Un formidable voyage vers une nouvelle version de nous-mêmes, loin du faire et de l'avoir, propre à l'ego, mais dans l'être véritable, avec à la clé une nouvelle direction de vie basée sur des valeurs comme la bonté, l'intégrité, la compassion et l'empathie, très loin de l'égoïsme. En travaillant notre vision non duelle de l'existence, on comprend mieux que l'interconnexion entre les êtres et le grand tout modifient notre façon d'interagir avec autrui, dans un cadre de relations plus profondes et authentiques.

AMOUR OU PEUR, LE CHOIX DE L'ARCANE VII

Amour ou peur, les deux sentiments sont inconciliables. Pour vous en souvenir, rappelez-vous la lame « Le Chariot », du Tarot de Marseille. Le cheval rouge représente la Peur, le cheval bleu, l'Amour. Ils ne veulent pas prendre la même direction. Quel chemin allez-vous choisir ?

Face à ces deux directions incompatibles, êtes-vous guidé·e par une énergie d'amour ou de peur ? Pour le savoir de manière certaine, branchez-vous sur vos ressentis. Le cœur, relié à l'âme, vous indiquera toujours un chemin de joie et de légèreté. La peur, reliée au mental, vous raccrochera au passé, aux expériences déjà vécues, aux craintes, aux pensées limitantes... Voici une astuce simple pour vous aider dans le choix du cœur. Quand vous émettez une croyance limitante comme « C'est comme ça », « Je n'ai pas d'autres choix », « C'est compliqué », ou « Malheureusement, c'est la vie », posez-vous quelques instants et reformulez la proposition en choisissant « mon cœur » comme sujet dans la phrase. On obtient : « Mon cœur voudrait... » ou « Mon cœur m'indique que... ». Ainsi, vous verrez si votre choix est cohérent avec vos aspirations de vie et vos valeurs profondes ou pas.

VOICI UN EXEMPLE POUR VOUS ÉCLAIRER

C'est bientôt la période de Noël. Votre sœur vous a invité·e à passer les fêtes chez elle, à quelques centaines de kilomètres de votre domicile. Vos enfants sont en garde partagée, vous les récupérez le matin de Noël.

C'est donc « compliqué... ». Peut-être devriez-vous rester seul·e le soir du réveillon pour accueillir vos enfants le lendemain matin. Mais est-ce ce que vous voulez vraiment ? Amusez-vous à reformuler vos pensées avec « Mon cœur », et vous verrez dans quelle situation vous vibrez le plus. Il n'existe pas de « bonne » réponse, il y a seulement la réponse qui vous convient le mieux. Dans cet exemple, voici les phrases qui peuvent être reformulées :

Une première possibilité :

* « Mon cœur voudrait que je sois accompagné·e pendant les festivités organisées par les miens », ou « Mon cœur m'indique que le réveillon de Noël est un soir de partage et de famille ».

→ Votre cœur penche plutôt pour un réveillon avec votre sœur, quitte à trouver une solution non envisagée jusqu'alors pour récupérer vos enfants le lendemain.

Une deuxième possibilité :

* « Mon cœur m'indique que Noël est la fête des enfants. Ce n'est pas grave de passer le réveillon seul·e, cela me permettra de préparer une belle surprise pour l'arrivée de mes enfants le matin de Noël. »

→ Votre cœur penche plus pour le réveillon en solo sans votre sœur...

Bien entendu, d'autres solutions sont possibles : vous invitez votre sœur chez vous pour le réveillon, vous passez le réveillon avec des ami·es/des voisin·es pour ne pas rester seul·e, vous invitez votre ex-conjoint·e et vos enfants chez votre sœur ou chez vous... La technique de la formulation « Mon cœur m'indique » aide à déterminer ce qui vous convient le mieux.

L'ère du Verseau, un mouvement dirigé ensuite vers les autres

Dans cette transition entre les deux ères, l'être humain doit se préparer et adopter de nouvelles stratégies pour vivre au mieux parmi les autres. De nouvelles qualités (sens de l'écoute, lâcher-prise, présence...) vont s'avérer nécessaires pour s'adapter à ce nouveau contexte.
Se relier aux énergies de son cœur aide à se recentrer sur soi, sans pour autant se couper des autres. Ce recentrage permet de changer sa façon de considérer son environnement.

Accepter ce qui est

L'acceptation est un grand principe de sagesse. Toutefois, ce concept est assez difficile à saisir. En effet, on a tendance à confondre le fait d'accepter, et le fait de se résigner. Or, cela n'a rien à voir. Accepter est un comportement actif (je décide d'accepter), alors que se résigner est un comportement passif, qui frôle l'impuissance (je me résous à ne rien faire, rien changer...).

**Accepte ce qui est,
laisse aller ce qui était,
et aie confiance en ce qui sera.**

BOUDDHA

Accepter, c'est tout simplement dire « oui » à ce qui est, les bonnes comme les mauvaises situations, les émotions positives, comme les émotions négatives. La vérité du moment existe, elle peut ne pas durer, mais elle est là et il faut l'admettre sans s'y opposer. Les émotions et les réactions émotionnelles sont d'ailleurs présentes pour nous signifier quelque chose, elles ont leur utilité. Alors pourquoi vouloir les rejeter ?

Accepter, c'est apprendre à observer, à faire un pas de côté, à ne pas vouloir tout de suite réagir, surréagir. C'est faire le choix de la non-action, dans la pleine présence. Accepter, ce n'est pas non plus être forcément d'accord. Il s'agit plutôt d'aborder la situation telle qu'elle se produit dans les faits, sans jugement, sans attente particulière et surtout sans résistance inutile. Cette posture de neutralité permet d'éviter de se faire trop de nœuds au cerveau et de s'infliger de nombreuses souffrances hypothétiques (avec le jeu des « Et si… »).

♒ COMMENT ÊTRE DANS L'ACCEPTATION ?

✶ **Mettez de la couleur sur vos émotions.** Pour cela, apprenez à connaître vos émotions et attribuez-leur une couleur plus ou moins intense selon votre ressenti. Par exemple, la colère est traditionnellement rouge, mais le rouge peut aller du rouge noir au rouge très clair. À quel niveau vous situez-vous sur l'échelle de couleurs ? Pour la tristesse, vous pouvez choisir du gris. Mais quelle est l'intensité de votre chagrin aujourd'hui ? Gris très clair, un petit nuage maussade, ou gris très foncé, pour un temps orageux de quelques jours ?

Cet exercice de la couleur est particulièrement adapté pour les personnes qui ont du mal à identifier leurs émotions… et donc à les accepter. Donner une couleur à vos émotions vous permet de les reconnaître, de les voir, de leur notifier que vous les avez bien perçues. Et cette reconnaissance émotionnelle a tendance à diminuer leur intensité, comme par magie.

✶ **Sortez de la résistance (souvent inconsciente).** Accepter, ce n'est pas lutter contre, mais aller de l'avant. Seulement, il est difficile de ne pas résister. Comme pour les émotions, reconnaître qu'on est dans la résistance, c'est déjà faire un pas vers l'acceptation ! Vous pouvez donc trouver une phrase clé pour débloquer cette résistance, en disant par exemple : « D'accord, pour l'instant je résiste, mais cela ne va pas durer », ou encore « Chaque jour, j'accepte de mieux en mieux », afin de lâcher petit à petit. Ou alors, vous pouvez aussi vous rappeler cette phrase : « Tout ce qui résiste, persiste », pour enclencher la fin de la résistance.

✶ **Archivez ce qui a été, pour éviter les ruminations.** Si un événement vous a particulièrement chamboulé·e, posez-vous pour le revivre une dernière fois. Vous pouvez faire cet exercice par écrit ou mentalement. Repassez les faits, les paroles échangées, les sentiments ressentis. Respirez profondément et répétez « Ce qui est fait, est fait », « Ce qui est dit, est dit ». Au fur et à mesure que vous répétez ces mantras, passez votre souvenir en noir et blanc, comme pour le faire vieillir et le laisser dans le passé. Une fois que vous êtes émotionnellement neutre, vous pouvez balayer l'image mentale en noir et blanc vers la gauche (comme sur un écran tactile), pour « archiver » le dossier.

✶ **Ne soyez pas dans le jugement.** Pour quitter la dualité, il faut se mettre en position d'accueil de ce qui est, sans juger, sans prendre une position supérieure de sachant·e.

✶ **Adoptez une vision à 360°.** En clair, vivre de manière non duelle consiste à ne faire qu'un·e avec le monde. Bien sûr, nous sommes tou·tes uniques et donc différent·es, mais nous faisons partie d'un même tout. Se contenter de vivre dans son corps physique (séparé de tous les autres) est finalement très limitant. Certain·es expert·es pensent d'ailleurs que c'est cette séparation avec les autres, cette part incomplète en nous, qui nous pousse à combler ce vide intérieur. Dans cet acte, les moyens utilisés sont divers : recherche de « l'âme sœur », de sa « moitié », absence de limites dans le travail (comme pour se fondre dans la sphère professionnelle, avec le risque de burn-out), ou encore excès en tout genre afin de se « remplir » (boulimie, usage de drogue…). Cet éveil sur cette nouvelle perception de la réalité souligne que l'Univers est un tout indivisible. Pour faire simple, cela signifie que je me fonds dans l'autre et l'autre dans moi. C'est l'image de la goutte de l'océan : ce dernier n'existe que par l'association de millions de petites gouttes d'eau, et chaque goutte d'eau contient en elle un peu de l'océan. C'est la citation du sage Rumi : « Vous n'êtes pas une goutte dans l'océan, vous êtes l'océan tout entier dans une goutte. » Ce nouveau regard, moins individualiste et plus englobant, permet d'être plus compréhensif·ve envers le monde extérieur, de développer des capacités de compassion et d'écoute.

Sans devenir un·e maître·sse spirituel·le de son quartier, chacun·e peut œuvrer pour adopter une perspective non duelle et développer ainsi une grande paix intérieure et un sentiment de bien-être et de sérénité.

Pratiquer le lâcher-prise

La pleine acceptation passe par le lâcher-prise. Mais ce concept fourre-tout est encore plus difficile à comprendre et à mettre en pratique ! En quoi consiste le fait de lâcher prise ? C'est la faculté de se délester de l'attention, de l'énergie, du temps, des pensées consacrées à une problématique sur laquelle nous n'avons absolument aucun pouvoir. Ce recentrage du mental permet de se concentrer sur les domaines dans lesquels on peut agir et avoir de l'impact. Le lâcher-prise est aussi un moyen de prendre le large par rapport à l'ego et au mental, qui veulent tout contrôler et tout classifier.

COMMENT LÂCHER PRISE AU QUOTIDIEN ?

- **Ressentez par le corps.** L'inverse du lâcher-prise, c'est le besoin de contrôle. Dans chaque situation qui pose question, revenez au corps. Comment se comporte-t-il ? Est-il tendu ? Relâché ? Sur la défensive ? En fonction du constat, n'hésitez pas à marcher, à dénouer le corps pour se détacher de ce besoin de contrôle.
- **Répétez : « Tout va pour le mieux dans le meilleur des mondes. »** Cette phrase, ou une autre du même genre (comme « Tout est toujours parfait » ou « Ce qui doit être est ») permet de relativiser sur la situation et d'empêcher les pensées de s'emballer.
- **Appuyez-vous sur le moment présent.** C'est le seul levier d'action dont vous disposez. Le passé ne peut pas être changé, le futur n'existe pas encore.
- **Faites les choses avec le cœur**, sans attendre de résultats précis. Quand vous êtes dans l'action, ne pensez pas au résultat, au succès possible, aux échecs. Faites... et confiez les résultats à la vie, car on ne peut jamais savoir ce qui va se passer.

* **Restez concentré·e sur vous.** À moins que l'on ne vous demande un conseil ou votre avis, évitez de vous mêler de la vie des autres (sur laquelle vous n'avez réellement pas de prise). Si vous voulez que le comportement de votre partenaire, de vos enfants, de vos collègues de bureau change... alors changez d'abord votre façon d'agir et d'interagir avec elles et eux, et vous verrez la magie opérer ! En effet, ils et elles vont inconsciemment s'adapter à votre changement et changer à leur tour. Ce conseil peut paraître simple, voire simpliste. Et pourtant, il est d'une redoutable efficacité. C'est une question d'adaptation. Par exemple, en cas de dispute verbale avec quelqu'un, le réflexe naturel est de hausser le ton pour parler plus fort que l'autre. Le résultat est que tout le monde hurle, et plus personne ne s'entend. Essayez plutôt de baisser le volume de votre propre voix et de prendre une position neutre, voire conciliante. Votre interlocuteur·ice va devoir adapter sa stratégie inconsciente et... se radoucir. Autre exemple, pour les plus sceptiques : votre enfant ne vient jamais à table malgré vos très nombreux appels. Au prochain repas, appelez-le une seule fois (et pas plusieurs fois, comme à votre habitude) et commencez à dîner (sans l'attendre, comme vous le faites normalement). Faites un peu de bruit avec les couverts, etc. Vous verrez votre enfant arriver rapidement ! Le lendemain, il ou elle sera aussi beaucoup plus attentif·ve au son de votre voix.

CES PHRASES POUR LÂCHER PRISE SONT-ELLES VALABLES QUAND ON TRAVERSE UNE ÉPREUVE ?

Ces phrases-pansements appliquées aux petits désagréments de la vie sont-elles efficaces quand on pleure la perte d'un·e proche ou lorsque l'on subit les affres d'une grave maladie (la sienne ou celle d'un·e proche)? Nous sommes tou·tes, en tant qu'humain·es, obligé·es de passer un jour ou l'autre par une ou plusieurs périodes de vie douloureuses. Personne n'y échappe. Chacun·e devra, le moment venu, trouver la meilleure façon pour lui ou elle de traverser cette épreuve. La question se posera alors de résister ou d'accueillir. Accueillir ne signifie pas sauter de joie à l'idée de vivre cette expérience douloureuse. Cela signifie accepter de ressentir des émotions comme la tristesse, la colère (contre une forme d'injustice), de se donner le temps pour panser ses blessures, et de comprendre, même si c'est très difficile, son impuissance face à ce qui est et face à ce que l'on ne peut pas changer. Cette forme de sagesse aide à puiser en soi une force insoupçonnée pour continuer à vivre malgré tout.

Être en position d'accueil et d'écoute

Depuis l'Antiquité, la parole et la rhétorique sont valorisées. Savoir s'exprimer permet d'exister. Aujourd'hui encore, dans nos sociétés, la communication orale est reine, autant sur les réseaux sociaux que dans la vraie vie[1]. D'ailleurs, depuis quelques années, les concours d'éloquence – le « talent de bien parler, de persuader et de convaincre par la parole » selon le *Larousse* en ligne – éclosent un peu partout, des prisons aux facultés, en passant par les tribunaux ! Deux films à succès ont d'ailleurs mis en avant ce phénomène :

1. Source : podcast de la série « Grand oral, une histoire d'éloquence », épisode 1, « L'invention de la rhétorique, quand le discours devient une arme », France Culture, 2021, https://www.radiofrance.fr/franceculture/podcasts/le-cours-de-l-histoire/l-invention-de-la-rhetorique-quand-le-discours-devient-une-arme-4801386

À voix haute: La force de la parole (2016, film réalisé par Ladj Ly et Stéphane de Freitas), et *Le Brio* (2017, film réalisé par Yvan Attal).

À l'inverse, la compétence de savoir bien écouter n'est pas mise en valeur, voire pas enseignée. Or, c'est tout un art de savoir écouter son prochain avec le cœur, et pas seulement d'une oreille à peine attentive.
Si le grand retour vers soi implique un grand respect de l'autre, il va devenir plus que nécessaire de changer de posture et d'apprendre à accueillir la parole de l'autre, tout en développant son sens de l'écoute. Car bien écouter, comme bien parler, représente tout un art. La principale difficulté de la véritable écoute réside dans le fait de se taire (en partie ou en totalité) !

Il existe différents types d'écoute: l'écoute critique (associée à l'analyse), l'écoute informative (associée à l'apprentissage), l'écoute empathique (associée à l'émotionnel) et aussi l'écoute dite active. Cette dernière, également tournée entièrement vers l'autre, favorise une communication plus fluide. Cette écoute sincère est un acte généreux qui accueille les propos de votre interlocuteur·ice sans jugement et sans critiques. À moins que ce·tte dernier·ère ne vous le demande, votre rôle dans ce contexte n'est pas de donner votre avis ou de partager votre propre expérience. L'écoute active consiste à pleinement accueillir les confidences de votre interlocuteur·ice.

Voici quelques pistes qui peuvent s'avérer utiles pour trouver la bonne position et apprendre à bien écouter. Vous pouvez, à chaque occasion qui se présente à vous dans les prochains jours, tester ces nouvelles attitudes afin de développer de nouvelles aptitudes.

Attitudes à privilégier :

* **Concentrez-vous sur les propos de votre interlocuteur·ice.** Pour être à 100 % à son écoute, il est par exemple déconseillé d'accomplir deux actions à la fois (comme pianoter sur son téléphone et faire mine d'écouter, car « faire mine » c'est justement ne pas écouter, mais littéralement « faire semblant de »).
* **Positionnez votre corps vers la personne qui vous parle.** Ne lui tournez pas le dos, essayez le plus possible de maintenir un contact visuel. Selon votre degré d'intimité, vous pouvez aussi poser votre main sur la sienne, signe d'encouragement à poursuivre la discussion. Vous pouvez aussi sourire et hocher la tête, ces signaux non verbaux sont perçus par votre interlocuteur·ice comme très rassurants et l'invitent à poursuivre.
* **Posez des questions ouvertes** si le sujet s'y prête bien sûr (en respectant la zone d'intimité), cela vous permettra de mieux comprendre les tenants et les aboutissants du pan de vie partagé.
* **Soignez bien vos tournures de phrases.** En effet, le langage peut parfois trahir votre pensée. Ainsi, certaines paroles peuvent être jugeantes, même si vous n'aviez pas l'intention de vous mettre dans une position de supériorité. Voici quelques exemples de phrases à la fois jugeantes et maladroites : « Mais qu'est-ce qui t'est passé par la tête ? », « Comment as-tu pu faire ça ? », « C'est vraiment la catastrophe », « Ça ne pouvait vraiment pas être pire ».
* **Faites preuve d'ouverture d'esprit**, surtout si les sujets abordés sont non consensuels (par exemple, en lien avec l'intimité, la sexualité, la religion, la politique, etc.).
* **Ramenez la discussion sur les ressentis de votre interlocuteur·ice.** Pour cela, vous pouvez demander à la personne comment elle se sent. Si les mots ont du mal à sortir, vous pouvez l'inviter à mettre des images sur l'événement, en utilisant les saisons, les couleurs, les odeurs. Par exemple : « J'ai ressenti comme un froid glacial », ou « J'ai eu la sensation de plonger dans un gouffre noir ». Laissez la personne s'exprimer, respectez les silences

et surtout, évitez d'interrompre le discours avec des interventions du type « Je vois tout à fait ce que tu ressens, car moi aussi… ». Évitez de ramener l'attention sur vous.

* **Reformulez les propos avec vos propres mots**, pour vérifier que vous avez bien tout compris, sans ajouter d'opinions personnelles. Vous pouvez utiliser des phrases soutenantes comme « Si j'ai bien compris… », « Quand tu dis ceci, cela m'évoque cela, est-ce que c'est correct ? ». Cette reformulation permet de vous assurer de la pleine compréhension du discours et aide à décrypter certains non-dits.

Attitudes à éviter :

* **Évitez d'émettre un jugement ou de donner votre point de vue.** Vous pouvez acquiescer, en disant éventuellement : « Mon point de vue importe peu, ce qui compte c'est comment tu vis l'événement. » Afin d'éviter de sortir du cadre de l'écoute active, prêtez attention aux expressions comme « Moi, à ta place », « Si j'étais à ta place », ou « Si j'avais un conseil à te donner », qui peuvent vous indiquer que vous n'êtes plus dans l'écoute active.
* **Évitez d'interrompre l'autre et de combler les blancs.** Parfois les silences ont toute leur importance dans la discussion. Se mettre en position d'écoute, c'est aussi apprendre à se taire et à ne pas combler les moments de réflexion et de calme.
* **Évitez de faire des mouvements inutiles avec votre corps.** Certains gestes peuvent trahir vos pensées et agacer votre interlocuteur·ice. Par exemple, les yeux en l'air peuvent souligner de l'agacement, les bras croisés, un mouvement de repli et de défense, des jambes qui bougent sans cesse, de l'impatience, etc.
* **Évitez de laisser vos pensées divaguer**, ramenez votre esprit à ici et maintenant : les courses à faire, le repas du soir, la to-do list du lendemain… Tout cela peut attendre. La pleine présence implique la pleine concentration sur les paroles de la personne en face de vous.

QUELS SONT LES NOMBREUX AVANTAGES DE L'ÉCOUTE ACTIVE ?

En voici quelques-uns : une meilleure communication, une compréhension des propos facilitée, une empathie accrue, un risque de conflits limité, une meilleure connexion entre les êtres... En effet, l'écoute sincère prouve l'intérêt que nous portons à notre interlocuteur·ice. Par notre attitude, nous lui accordons, le temps de la discussion, toute l'attention qu'il ou elle mérite.

ADOPTER LA BONNE POSTURE D'ÉCOUTE

- Avec vos proches ou un·e de vos collègues, profitez de vos prochaines discussions pour développer votre écoute active lors d'échanges a priori anodins. Que remarquez-vous comme changements ?
- Lors d'une journée chez vous en famille, faites preuve de silence. Veillez à prévenir vos proches de votre volonté de ne pas communiquer verbalement. Apprenez à écouter les haussements de tons, les mots jugeants ou blessants (voir les bienfaits du silence page 80).
- Lors de vos échanges avec vos collègues, analysez le langage non verbal : position du corps, mouvements des yeux, signes d'agacement...

PRATIQUEZ LE *SMALL TALK* EN CONSCIENCE

Si vous êtes d'un naturel introverti ou timide, vous pouvez vous entraîner à l'écoute lors de *small talks*, un anglicisme qui désigne les discussions anodines quotidiennes, comme celles de la pluie et du beau temps.
Des chercheur·euses ont découvert que ces discussions sans enjeu avec des inconnu·es (dans la rue, dans l'ascenseur, dans une file d'attente) ou de vagues connaissances (des voisins par exemple) font beaucoup de bien au moral ! Profitez donc de ces échanges futiles pour vous mettre en position d'écoute consciente, en prêtant attention aux paroles de votre interlocuteur·ice[1].

Il suffit de bien peu pour vivre heureux.
Tout est en vous, dans votre façon de penser.

MARC AURÈLE

1. Source (article en ligne) : « 3 conseils pour réussir à pratiquer le "small talk", ces petits bavardages qui font du bien », Louise Leboyer, *Psychologies*, 2024. https://www.psychologies.com/moi/moi-et-les-autres-moi/conseils-reussir-pratiquer-small-talk-petits-bavardages-font-du-bien-583136

Se relier aux autres

La reliance, cette connexion particulière que nous avons les un·es avec les autres, est une notion primordiale en spiritualité. En effet, s'interroger sur le sens de la vie implique d'abord un travail sur soi, sur ses valeurs, mais aussi une remise en question de son lien avec les autres êtres humains. La question de la reliance est d'autant plus essentielle avec le passage à l'ère du Verseau et l'importance de la notion de collectivité.

Développer une bonne énergie

L'énergie est ce flux invisible qui émane de notre corps physique, à travers l'aura, et qui dégage une certaine vibration. Pourquoi a-t-on besoin de développer une bonne énergie ? Pour deux raisons essentielles :

- Une bonne énergie nous permet d'être en forme et de ne pas être soi-même influencé·e par la mauvaise énergie des autres. C'est une bonne parade pour soi.
- Une bonne énergie aide ensuite à prendre soin des autres, en leur envoyant par exemple des bonnes ondes ou des ondes d'amour. C'est un bon moyen d'insuffler du bien aux personnes autour de nous.

Certaines personnes sont plus sensibles que d'autres aux énergies émises. Mais, sans être un·e magnétiseur·se ou un·e énergéticien·ne, il vous est sans doute déjà arrivé de ne pas pouvoir « sentir » une personne (sans raison apparente), ou bien de passer à côté de quelqu'un qui vous donnait la chair de poule ou vous attirait comme un aimant. C'est cet échange de flux invisible entre nous que l'on définit comme l'énergie. Plus précisément, notre corps physique (composé d'os et de chair) est enveloppé par différentes couches d'énergie, qui correspondent aux différents corps subtils, comme représentés dans le dessin en page suivante. L'ensemble (et le mélange) de ces sept corps subtils forme l'aura d'une personne (l'énergie qui se dégage d'elle), une vibration énergétique qui indique notre état de santé global, notre forme. Cette aura est aussi notre bouclier de protection invisible. Certaines personnes, plus développées spirituellement, peuvent «voir» les différentes couleurs émaner de quelqu'un. Mais ce n'est pas une condition nécessaire pour prendre soin de son aura.

Les corps subtils

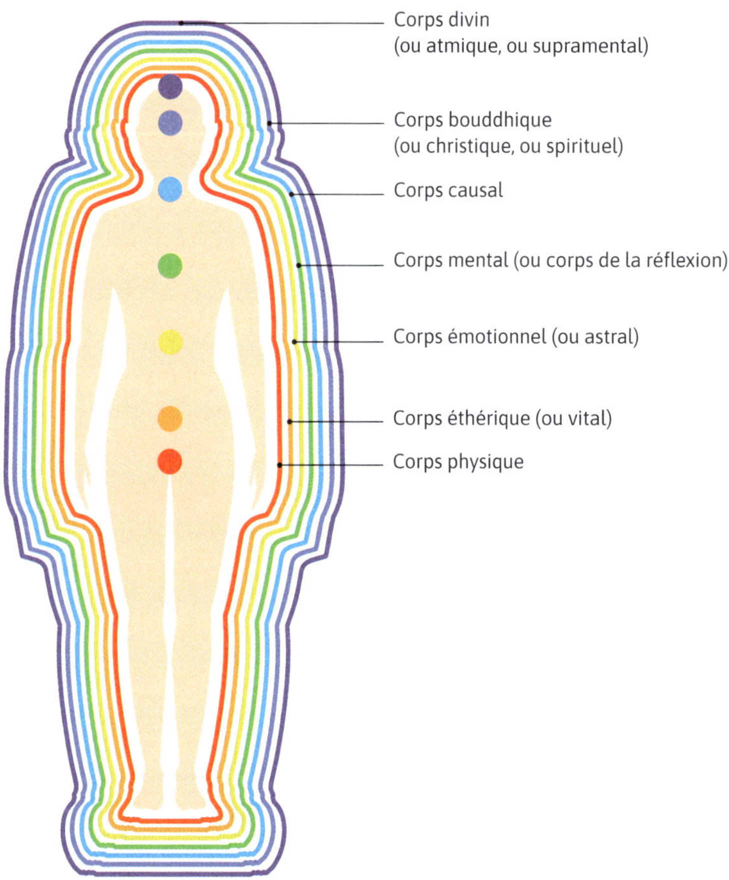

Prendre soin de son aura et de ses corps subtils

L'aura

Avez-vous déjà entendu parler de l'aura? C'est ce champ électromagnétique invisible à l'œil nu (sauf pour certain·es clairvoyant·es) qui entoure le corps. Les expert·es disent que sa couleur peut varier selon l'état énergétique global des différents corps subtils. Ce halo de lumière autour du corps physique de chaque personne donne son pouls énergétique en couleur, en fonction de son état vibratoire. L'aura représente un mélange de sept couches des corps subtils reliés aux sept chakras principaux. Les échanges énergétiques extérieurs (notamment avec d'autres personnes) passent aussi par l'aura et influencent ensuite les différents chakras. Ainsi, selon son état vibratoire du moment (si vous êtes plus ou moins fatigué·e, plus ou moins en bonne santé, ou plus ou moins contrarié·e émotionnellement), l'aura change de couleur au fil du temps.

Les corps subtils

Comme pour les chakras, les corps subtils principaux sont au nombre de sept. Chacun d'eux émet sa propre aura, son rayonnement personnel qui va influencer en intensité l'aura générale. Plus les corps subtils sont proches du corps physique, plus ils sont près de la matière. Plus ils en sont éloignés, plus ils sont proches du spirituel ou de l'invisible. Ainsi, le corps éthérique, le corps émotionnel et le corps mental sont particulièrement proches du corps physique, comme indiqué sur le schéma ci-contre. Chaque corps subtil est énergétiquement relié à son chakra.

Voici les sept corps subtils, dans l'ordre du corps physique vers l'extérieur: le corps physique, le corps éthérique, le corps émotionnel, le corps mental, le corps causal, le corps bouddhique, et le corps divin. Comme des poupées russes, les corps s'emboîtent dans un ordre établi, le corps précédent étant toujours enveloppé par le corps suivant.

✶ **Le corps physique :** c'est celui que nous connaissons le mieux. C'est le plus matériel de tous les corps. Il est important d'en prendre soin (à l'intérieur et à l'extérieur), car c'est aussi notre corps principal sur Terre, notre enveloppe matérielle. C'est celui qui nous permet d'expérimenter la matière, de vivre sur Terre.

Chakra correspondant : chakra racine

✶ **Le corps éthérique (ou vital) :** c'est le premier champ électromagnétique qui englobe le corps physique. Il est relié à celui-ci par une corde couleur argent. Situé à quelques centimètres du corps principal (il mesure entre 5 et 15 centimètres), le second corps peut être facilement perçu par celles et ceux qui ont des prédispositions. Il protège le corps physique en maintenant une bonne vibration et en transmettant l'énergie vitale (appelée selon les philosophies « prana », « mana », ou « ki ») par le biais des chakras. Et cette énergie peut être stimulée par les thérapies comme l'acupuncture, le magnétisme, la médecine traditionnelle chinoise... C'est le corps le plus proche du corps physique et il agit un peu comme un garde du corps (en cas de perte de conscience).

Chakra correspondant : chakra sacré

✶ **Le corps émotionnel (ou astral) :** c'est le corps subtil relié au domaine des émotions, des ressentis et des blocages liés à cette sphère. Plus que tout autre, il a besoin d'être chéri (avec de la gratitude, des pensées positives, de la joie, de l'amour...). Il peut être nécessaire de le nettoyer (soins énergétiques, mantras, magnétisme...) pour le désencombrer des différentes balises qui peuvent le ternir. Si rien n'est fait sur ce corps astral, les dysfonctionnements peuvent alors influer sur le corps physique par des maladies. On l'appelle aussi corps astral, car c'est lui qui évoluerait, relié à un fil, dans la sphère astrale lors des sorties de corps nocturnes. C'est le corps qui facilite la mise en relation avec les guides spirituel·les.

Chakra correspondant : chakra du plexus solaire

✶ **Le corps mental (ou corps de la réflexion) :** c'est le siège de nos pensées, de notre créativité, de notre intellect, de notre logique (ce corps mental est lié aux deux hémisphères de notre cerveau, l'hémisphère droit étant associé à l'imagination, l'intuition, la créativité, la spiritualité, les émotions, et l'hémisphère gauche à la raison, la logique, la rigueur). Mais c'est aussi celui de toutes les connaissances (aussi bien cartésiennes que spirituelles), de l'inné et de l'acquis. C'est ce corps qui nous permet de visualiser. Il est étroitement lié au corps émotionnel, mais il dépend aussi de nos pensées et de nos croyances. Il interagit aussi avec l'ouverture ou la fermeture du cœur (voir page 87). Le corps mental est divisé en deux : la partie du corps mental inférieur (raison, logique) et la partie du corps mental supérieur (intuition).

Chakra correspondant : chakra du cœur

✶ **Le corps causal :** c'est le corps de la mémoire, celle de nos vies passées, de nos expériences, mais aussi de nos mémoires dites karmiques, des bagages transgénérationnels (des ancêtres de notre lignée) et de la mémoire de l'inconscient collectif. C'est le corps de l'âme, qui va la suivre lors de toutes les incarnations. C'est aussi le siège de la conscience supérieure.

Chakra correspondant : chakra de la gorge

✶ **Le corps bouddhique (ou christique, ou spirituel) :** c'est le corps de la conscience supérieure et de la connaissance universelle, qui permettrait à certain·es élu·es de connaître l'illumination. À partir de ce corps, nous entrons dans une autre dimension. Ce corps n'apparaît que chez de très rares personnes qualifiées de « saint·es » et en lien avec une conscience supérieure, d'où son nom très connoté (par rapport à Bouddha et au Christ). Certain·es l'appellent plus simplement le corps spirituel.

Chakra correspondant : chakra du troisième œil

✶ **Le corps divin (ou atmique, ou supramental) :** « atmique » est un terme de la philosophie du yoga qui signifie « âme ». Le divin ici ne désigne pas un Dieu extérieur, mais la part du divin en nous, la source qui est en nous. Ce corps correspond au siège de la conscience cosmique, en relation avec une énergie divine. Il est étroitement lié aux personnes les plus éveillées spirituellement.

Chakra correspondant : chakra coronal

Comment prendre soin de son aura ?

Ce halo de couleur peut être renforcé et équilibré par des pratiques comme la méditation, les pensées positives, les massages, les nettoyages énergétiques, les relations humaines enrichissantes... Apprendre à gérer ses émotions (les accepter, et ensuite les évacuer) est aussi très important pour faciliter une bonne circulation de l'énergie. Sans oublier que notre niveau de conscience spirituelle, si nous sommes plus ou moins connecté·es, modifie l'aura. Si un jour vous croisez un individu particulièrement aligné avec le divin, vous verrez qu'il émane de lui un champ magnétique bien particulier, que l'on peut ressentir, à défaut de voir. À chacune de nos interactions avec les autres êtres vivants, notre propre vibration peut être modifiée.

Trouver sa famille d'âme

La famille d'âme est une notion très en vogue en spiritualité. Elle indique un regroupement de personnes reliées énergétiquement et vibrant de concert dans un même but. Chaque famille a sa propre identité vibratoire. Nous ferions tou·tes partie d'une famille d'âmes spécifique. La reconnaître permet de s'entourer de personnes spirituellement compatibles, facilitant ainsi notre évolution. C'est aussi une façon de mieux comprendre nos singularités et de nous aligner avec nos propres valeurs en respectant les autres et leurs différences. Certain·es expert·es, comme Marie Lise Labonté, dans son ouvrage de référence *Les familles d'âmes* (2013, Éditions J'ai Lu), ont défini treize familles d'âmes (les guérisseurs, les communicants, les passeurs...). Cette notion se rapproche beaucoup du chemin de vie, la raison pour laquelle nous avons choisi de nous incarner sur Terre.

Pour connaître votre famille d'âme, identifiez les personnes qui vous inspirent, s'agit-il d'activistes écologiques ? De leaders charismatiques ? De chamanes des temps modernes ? Faites le point sur les valeurs qui vous habitent et lisez le descriptif ci-dessous pour voir quelle famille vous appelle.

La famille d'âme des maîtres

Ce sont de grandes âmes très connectées et intuitives qui initient et montrent le chemin. Dans cette famille, on retrouve souvent des visionnaires, des dirigeant·es, des pionnier·ères.

La famille d'âme des guérisseurs

Ils portent le fluide de guérison en eux, parfois sans le savoir. Cette famille d'âme peut inclure celles et ceux qui ont « la main verte », qui savent « couper le feu », mais aussi certaines personnes que l'on retrouve dans des parcours de soins classiques ou parallèles (magnétiseur·euses, énergéticien·nes...).

La famille d'âme des guerriers-guérisseurs

Ce sont des personnes bienveillantes et aimantes, issues d'une scission de la famille des guérisseurs, qui ont un grand sens des responsabilités collectives. Elles ont en effet en charge la protection du précieux « fluide de la guérison ».

La famille d'âme des chamanes

Connectés à l'esprit et aux vibrations de la terre et de la nature, les chamanes portent en eux le fluide de la transformation.

La famille d'âme des guérisseurs-enseignants

Ces personnes transmettent le savoir de la guérison sous toutes les formes possibles : il peut s'agir par exemple d'une personne malade qui aide la médecine à progresser ou d'un professeur de médecine enseignant en faculté.

La famille d'âme des guerriers

Ces sauveurs, souvent peu avenants et très solitaires, sont ici-bas pour protéger et défendre les énergies et les âmes.

La famille d'âme des alchimistes-fées

D'un ton badin et sans jamais se prendre au sérieux, ces alchimistes des temps modernes spiritualisent la matière et apportent beaucoup de sagesse dans la vie. Les membres de cette famille très spirituelle invitent les autres à s'éveiller au monde invisible et subtil.

La famille d'âme des communicants

C'est souvent la grande famille des artistes qui, par leur art (théâtre, chant, poésie...) transmettent des messages essentiels d'amour.

La famille d'âme des enseignants

En charge du fluide du savoir (sauf celui des guérisseurs), les enseignants transmettent tout ce qui doit l'être sous forme de connaissances ou d'expériences. La recherche de la véracité et de l'exactitude les habite.

La famille d'âme des passeurs

Ces membres facilitent tous les passages, de la petite enfance à l'âge adulte, de la jeune fille à la femme, de la vie à la mort, de l'ici à l'au-delà. Ce sont souvent des âmes qui sont dotées de capacités extrasensorielles très développées.

La famille d'âme des initiateurs de conscience

Ces âmes agissent pour éveiller la conscience de l'humanité et se mettent à son service lors de grandes catastrophes (tremblements de terre, tsunami...). Ce sont des âmes dont la mort brutale ou terrible peut révéler ou éveiller les êtres humains.

La famille d'âme des piliers

Très ancrés, ses membres sont sur Terre pour stabiliser les énergies et maintenir l'équilibre universel. Ce sont aussi des personnes très attirées par les sites sacrés, entre lesquels ils recréent des connexions.

La famille d'âme des mécaniciens

Ce sont les réparateurs de la planète. Très proches de la nature, ses membres sont très investi·es dans la protection de l'environnement, par leur métier, ou leur engagement personnel.

Après cette lecture, dans quelle famille d'âme vous reconnaissez-vous ?

Comprendre les deux concepts clés de l'amitié vraie et de l'amour véritable

Les relations humaines, amicales ou amoureuses, sont source de joie et d'épanouissement. L'Homme n'est pas un loup solitaire et a besoin des autres pour grandir et se déployer. Cela est d'autant plus vrai dans cette période de transition vers l'ère du Verseau. Notre processus de cheminement vers la spiritualité et vers notre être véritable influence fortement les relations avec autrui... pour le meilleur ! Nous nous mettons ainsi en route vers l'authenticité dans nos rapports aux autres.

La confrontation

Avant d'évoquer l'amitié vraie et l'amour véritable, il est important de saisir que l'autre, dans sa différence autant que dans sa similitude, est confrontant. Et cette confrontation qui résulte aide à mieux nous connaître, mais aussi à progresser dans notre évolution.

♒ COMPRENDRE LE LIEN AVEC AUTRUI

L'autre est différent, et parfois ce qui vous semble si éloigné de vous, de votre caractère et de vos valeurs, vous irrite. Mais si nous sommes un, ces oppositions de façade sont-elles réelles ? Sont-elles de vraies différences ou le revers d'une même pièce de monnaie ? Étudions cela de plus près.

Dans votre entourage, il y a certainement une personne, de votre cercle proche ou pas, face à qui vous ressentez quelques difficultés : son comportement vous agace, ses manières vous énervent, son ton de voix vous crispe. Bref, sa seule présence peut vous mettre de mauvaise humeur.

Remémorez-vous une scène avec elle. Prenez une feuille de papier et notez dans une colonne tout ce qui vous irrite chez cette personne. Dans la colonne d'en face, maintenant, indiquez vos propres traits de caractère similaires ou diamétralement opposés. Vous verrez alors que tout ce qui vous énerve chez elle fait écho et résonne en vous.

EXEMPLE :

Vous ne supportez pas le côté radin de votre beau-frère. N'est-ce pas parce que vous êtes vous-même trop généreux·se ? Cela peut d'ailleurs être le cas inverse, et ce défaut vous ramène alors à votre propre radinerie.

Vous avez du mal avec les gens qui sont toujours dans le contrôle. Qu'est-ce que cela signifie à propos de vous ? Manquez-vous de limites ? Ou au contraire, évoluez-vous aussi dans un cadre trop rigide ?

Cet exercice, simple à faire, est très éclairant sur soi, c'est un peu comme si on retirait un voile qui obstruait la vue. Votre être profond vous invite à vous accepter dans votre globalité, sans vous juger ni rejeter une part de vous. Pour vous y aider, appuyez-vous sur les attitudes des autres que vous ne supportez pas, et embrassez-les dans leur entièreté. Accepter ainsi un défaut horripilant chez une personne vous donnera à la fin beaucoup de baume au cœur.

Quelles sont les différentes formes d'amour ?

Dans la Grèce antique, le concept de l'amour faisait déjà l'objet de discussions et d'interrogations. Et les penseur·euses et philosophes avaient trouvé différents termes pour définir l'éventail de sentiments... De *philia* (l'amour-amitié basé sur la confiance, le respect, la bienveillance) à *eros* (l'amour-passion teinté de désir charnel), en passant par *pragma* (l'amour qui dure, basé sur la solidité et la compréhension mutuelle), sans oublier *agapè* (l'amour inconditionnel, bienveillant, divin). Quant à l'amour de soi, sous le terme *philautia*, il désigne le narcissisme ou la compassion de soi... L'amour sous toutes ses formes est au cœur même de tout développement spirituel.

L'amour au cœur du spirituel

Tout est amour. Quand nous sommes en cheminement vers l'éveil, un des premiers enseignements reçus est que l'amour se trouve en toute chose, et que nous sommes nous-mêmes aimé·es de manière inconditionnelle. Pour bien comprendre la force illimitée de cet amour, il faut commencer par s'aimer soi-même de manière inconditionnelle, accepter ses parts d'ombre, se pardonner ses erreurs, faire preuve de compassion... On a (trop) longtemps confondu l'amour de soi et l'égocentrisme ou le narcissisme. Or, s'aimer, c'est apprendre à déployer pleinement sa vraie nature et en faire profiter tout un chacun. S'aimer, c'est faire entrer la lumière en nous. Grâce à cet amour inconditionnel, vous seul pouvez à la fois générer et combler votre besoin d'aimer et d'être aimé·e en retour. Et, plus vous aimez, plus vous êtes aimé·e, car l'amour revient amplifié. La capacité d'aimer est le véritable pouvoir de l'Univers. De cet amour de soi découle la clé de l'amour des autres. C'est cet amour intérieur, cette flamme incandescente qui rayonne et illumine les autres.

Dans son livre *Dernier fragment d'un long voyage* (2009, Éditions Albin Michel), Christiane Singer, essayiste spirituelle, nous révèle: « Je croyais jusqu'alors que l'amour était reliance, qu'il nous reliait les uns aux autres. Mais cela va beaucoup plus loin ! Nous n'avons pas même à être reliés : nous sommes à l'intérieur les uns des autres. C'est cela le mystère. C'est cela le plus grand vertige [...] de l'autre côté du pire t'attend l'Amour. Il n'y a en vérité rien à craindre. Oui, c'est la bonne nouvelle que je vous apporte. »

Si la langue française n'est pas aussi riche que la langue grecque, disons que ce long voyage nous apprend à aimer de manière authentique, à nous aimer aussi bien nous-mêmes que les autres.

L'amour est la force la plus puissante que le monde possède et pourtant c'est la plus humble qu'on puisse imaginer.

GANDHI

MÉDITER AVEC LE CŒUR

Posez votre main droite sur le cœur.
Sentez votre souffle, l'inspiration et l'expiration.
Concentrez-vous sur les pulsations du cœur dans votre paume.
Répétez-vous des phrases réconfortantes comme «Je m'aime de tout mon cœur, je suis une personne au grand cœur, je suis aimable, je mérite d'être aimé·e», ou toute autre phrase qui résonne en vous.

Prendre soin de soi émotionnellement au quotidien

Mieux vivre avec les autres, développer l'amour véritable et l'amitié authentique ne signifie pas qu'il faut s'oublier. Une des clés du soin de soi est de chérir son état intérieur et de conserver de bonnes vibrations. Plusieurs moyens s'offrent à vous pour rester connecté·e à vous-même. La liste n'est pas exhaustive, mais en voici quelques exemples:

- Évitez la pollution mentale générée par les réseaux sociaux et leur monde imaginaire et chronophage. Pour cela, n'hésitez pas à configurer votre smartphone (absence de notifications, filtrage des appels, échanges de groupes en mode silencieux...) afin de couper certaines alertes tout en restant joignable.
- Aménagez-vous des rituels de pause chaque jour pour vous ressourcer: quinze minutes de lecture, une séance de méditation, de la marche active... Il existe de nombreux moyens pour revenir à vous.
- Éloignez-vous des personnes négatives. Si vous ne pouvez pas faire autrement (c'est votre mère ou votre patron, que vous côtoyez donc régulièrement, qui broient du noir), n'hésitez pas à créer une bulle imaginaire de protection (comme une bulle de savon infranchissable) pour éviter un parasitage de votre mental, ou essayez de poser plus de limites avec les personnes concernées.

- Habitez pleinement votre corps afin de renouer avec les émotions et surtout leurs messages. Par exemple :
  - Plusieurs fois par jour, assis·e dans les transports, ou allongé·e sur votre lit, ressentez sa pesanteur. Concentrez-vous sur vos pieds, déposez-y toute votre attention, puis remontez tout le long de votre corps, en ressentant chaque parcelle de celui-ci. Mettre de l'attention sur une partie du corps permet de mieux l'habiter.
  - Quand votre mental s'emballe (en songeant à votre to-do list par exemple), ramenez votre attention sur votre respiration, faites de plus grands mouvements respiratoires pour l'amplifier, et ensuite ramenez votre attention sur vos pieds, pour renforcer votre ancrage, ici et maintenant.
- Apprenez à écouter votre cœur : dire oui quand on suit son élan, dire non quand on le sent silencieux. Vous avez du mal à dire non ? Si cela peut vous aider, pensez différemment, en adoptant cette maxime : « Dire non aux autres, c'est me dire oui à moi », ou cette variante « Dire non à une proposition qui ne m'emballe pas, c'est dire oui à de nouvelles opportunités ».

COMMENT SE CONNECTER À SOI ÉMOTIONNELLEMENT ?

- **Par la pensée :** ramenez votre attention dans votre corps, quand vous marchez, mais aussi quand vous êtes tout simplement assis·e. Pour cela, ressentez l'assise de la chaise, son dossier, votre sensation de confort ou d'inconfort. Portez maintenant votre attention sur vos pieds, ancrez-les au sol et remontez le long des jambes, comme pour faire circuler l'énergie.
- **Par la douche fraîche :** le matin, pour bien commencer la journée, terminez votre toilette par un jet d'eau fraîche (ou plus froide encore,

pour les plus courageux·ses). L'idée, en plus de stimuler les systèmes de circulations lymphatique et sanguine, est de se reconnecter à ses sensations corporelles : le froid qui pique sous le jet d'eau, l'énergie qui semble mieux circuler dans notre corps, ou la chaleur corporelle qui revient petit à petit au sortir de la douche.

✶ **Par l'écriture :** l'écriture permet de faire le point sur ses émotions. Vous pouvez chaque jour tenir un carnet dans lequel vous noterez tout ce qui a influé sur vous émotionnellement, afin de vous en libérer. Essayez d'associer votre ressenti physique à l'émotion.

La version soft du tout-amour : être aimable

Qu'est-ce que se rendre aimable ? C'est cette précieuse qualité, souvent sous-estimée, qui consiste à prendre en compte à la fois l'autre et soi-même dans une relation basée sur la justesse. Je ne fais pas passer l'autre avant moi, mais j'arrive à le considérer aussi bien que moi. Plus vous jouerez la carte de l'amabilité dans votre quotidien, plus vous ouvrirez la porte à l'amour. Par extension, vous allez aussi attirer des personnes qui vibrent sur le même tempo que vous.

L'amour est une énergie puissante, positive et transformatrice. Inviter l'amour dans sa vie, c'est s'autoriser à être véritablement qui l'on est, sans craindre le regard des autres. C'est aussi respecter pleinement l'autre, ne pas vouloir le changer, mais être là pour lui ou elle.

Comment faire preuve d'amabilité dans la vie ?

✶ Quand vous êtes dans une file d'attente, ne vous laissez pas aller à vous plaindre, et **concentrez-vous sur votre cœur.** Après quelques inspirations et expirations, envoyez une douce lumière d'amour autour de vous.

✶ **Souriez souvent.**

* **Écoutez vraiment les autres**, sans distraction (téléphonique par exemple). Votre cœur, comme un guide, vous indique le chemin juste pour vous.

Quand vous êtes ainsi aligné·e, tout est dans la justesse. Vous ne ressentez pas de déséquilibre. Quand la tête et le cœur ne sont pas alignés, rien ne va plus dans votre vie. Vous ressentez des blocages, une absence de fluidité, voire des difficultés. On a malheureusement tendance à croire (sans doute les conséquences de notre civilisation judéo-chrétienne) que ce qui est facile est futile, que la vie doit être difficile, voire laborieuse. Les expressions telles que « Gagner sa vie à la sueur de son front », « no pain, no gain » (pas d'efforts, pas de récompenses), ou « La vie n'est pas facile » sont là pour nous le rappeler. Or, ce qui est facile pour vous ne l'est pas forcément pour un·e autre. Et c'est très souvent dans la facilité, l'aisance à accomplir les choses, que se trouvent la joie d'exister et la raison d'être.

Prenons l'exemple de Paul qui aime les chiffres : il se plaira à faire ses comptes et ceux de sa partenaire et deviendra, pourquoi pas, un excellent comptable. Par ailleurs, Paul pourra mettre cette facilité au profit d'associations qui lui tiennent à cœur en tant que trésorier. C'est une belle façon d'utiliser ses facilités pour lui, ses proches et la société. Et tout cela se fera dans une grande joie pour Paul, qui sera parfaitement aligné. À l'inverse, prenons l'exemple de Paula, une créative et rêveuse, qui n'aime pas les tableaux Excel et les chiffres, mais qui a été contrainte de suivre ce genre d'études. Elle va se retrouver elle aussi comptable, mais très malheureuse, car elle n'est pas à sa place. Paula se serait mieux épanouie dans un univers plus libre, faisant appel à son imagination et à son sens de la créativité, comme le graphisme. Autant la comptabilité lui « coûte », autant prendre une feuille de dessin et un crayon l'enchante. Dans la première activité, Paula trouve le temps long, alors que dans la seconde, elle s'évade et le temps file.

≈ QUELS SONT VOS CENTRES D'INTÉRÊT DE CŒUR ?

Notez dans une colonne ce qui vous est pénible dans tous les domaines de votre vie. Et, dans l'autre colonne, notez ce qui vous enchante. Vous déterminerez ainsi les activités qui vous ressourcent et dont vous pourriez faire profiter les autres, comme un don à partager. Voici quelques exemples d'activités qui peuvent être dans l'une ou l'autre des colonnes selon vos appétences : la comptabilité, la lecture, le rangement, le sport...

LES ACTIVITÉS PÉNIBLES, QUI VOUS COÛTENT DE L'ÉNERGIE, DU TEMPS...	LES ACTIVITÉS QUI VOUS RESSOURCENT

L'amitié vraie, la nourriture de l'âme

En cultivant des relations authentiques, basées sur le respect, la communication honnête, le soutien, l'écoute et la confiance, chacun·e peut s'épanouir. Quand vous êtes vous-même authentique, sans masque, avec votre part de vulnérabilité assumée, vous créez un espace de sécurité pour l'autre et lui permettez d'être lui ou elle aussi dans la justesse. C'est dans cet espace dénué de tout artifice que se nouent les amitiés authentiques basées sur des liens profonds, que naît une acceptation inconditionnelle d'autrui, avec les bons comme les moins bons côtés de chacun·e. On se comprend émotionnellement, sans même avoir besoin de parler, d'âme à âme, de cœur à cœur, comme par un effet de résonance. Quand vous êtes en cheminement, observez qui entre dans votre vie, et qui en sort...

♒ COMMENT DÉFINISSEZ-VOUS L'AMITIÉ VRAIE ?

Il n'existe pas de définition juste de l'amitié. Certaines personnes ont besoin de voir souvent leurs ami·es, d'autres ne valident pas l'adage « loin des yeux, loin du cœur » en termes d'amitié. Posez-vous calmement et répondez aux questions suivantes : qu'attendez-vous de vos ami·es ? Et surtout qu'êtes-vous prêt·e à leur donner ?
Définir ses besoins amicaux (de présence, d'espace, de reconnaissance, de confiance) permet d'éviter de nombreuses déconvenues, et également de poser des bases...

CE QUE J'ATTENDS DE MES AMI·ES...	CE QUE JE SUIS PRÊT·E À LEUR DONNER...

Entretien avec Caroline Tupin, praticienne corporelle, esthéticienne, énergéticienne, et créatrice du salon *La Bulle Parisienne*

Que retenez-vous du passage de l'ère du Poissons à l'ère du Verseau ?

Chaque ère correspond à l'énergie d'un signe. Avec le Poissons, nous étions plus dans l'échange et la communication. Avec le Verseau, nous entrons davantage dans l'ère de la vérité, la fin de ce qui était caché, l'explosion des nouvelles technologies et la recherche d'unicité et de l'amour de soi.

Comment ces changements se manifestent-ils concrètement dans le corps de vos clientes ?

Je sens que mes clientes ont des charges émotionnelles assez importantes qui se manifestent dans leur corps physique, mais aussi dans leur façon d'être, de parler, de se mouvoir. Aujourd'hui, elles verbalisent le fait de ne pas être bien. Ces mots, elles ne les prononçaient pas avant. Un peu comme si elles avaient entamé un travail personnel de prise de conscience. En tant que praticienne, je sens cette tension au niveau des points d'énergie du corps, les nadis, nos méridiens énergétiques. L'énergie des reins est d'ailleurs souvent bloquée, or cette zone correspond en médecine chinoise à la peur. Pendant cette période de transition, il faut boire beaucoup d'eau d'ailleurs pour nettoyer... Autre point de tension : le haut du dos, au niveau des épaules, qui correspond en mémoire cellulaire à tout ce que l'on porte, les mémoires transgénérationnelles par exemple, côté gauche, du côté de la mère, et côté droit, du côté du père.

Comment ces changements se manifestent-ils concrètement dans la vie de vos clientes ?

Beaucoup ont entamé un travail personnel. Aujourd'hui, elles me parlent facilement des blessures de l'âme par exemple, ou de l'impact des planètes sur leur quotidien, alors qu'avant, pas du tout. Je les sens plus ouvertes au niveau de la conscience, moins réfractaires à des notions comme le féminin sacré, la lignée transgénérationnelle des femmes, les énergies… Elles font aussi davantage le lien entre les tensions ressenties dans leur corps et les événements vécus dans leur vie. Comme elles savent que je fais de la méditation à titre personnel depuis plus de cinq ans, elle me pose aussi beaucoup de questions sur cette pratique…

La méditation a-t-elle modifié votre façon de travailler ?

Je masse en choisissant des fréquences de musique, les hertz, liées aux émotions de mes clientes. La méditation, que je pratique tous les matins sous ma douche, m'apporte un meilleur équilibre. Et, pour me recharger, je me fais moi-même masser régulièrement. Parce que j'ai compris que pour donner aux autres, il faut aussi recevoir. C'est une question d'équilibre là aussi.

Ce n'est pas la *chair*
qui est le réel, c'est l'*âme*.
La chair est *cendre*,
l'âme est *flamme*.

VICTOR HUGO

Conclusion

En guise de conclusion, voici des mots clés que nous avons, pour la plupart, souvent abordés au fil des pages… Les autres sont une invitation à la réflexion pour poursuivre le voyage. Parce que les mots, lus, pensés, dits, sont eux aussi chargés d'énergie et porteurs de messages.

- C **comme Connaissances.** Apprenons d'abord à mieux nous connaître (et nous apprécier) dans notre entièreté, puis écoutons et comprenons les autres pour des relations harmonieuses.
- O **comme Opportunités.** Chaque événement dans la vie, triste ou joyeux, facile ou difficile, est une opportunité de grandir, mieux se connaître et évoluer.
- N **comme Nouveau.** L'ère du Verseau nous invite à un renouveau de la pensée, à une façon de voir et de vivre les choses sous un autre angle.
- C **comme Changements.** La vie n'est que changements et impermanence. Tout autant changement de regard qu'évolution vers du mieux…
- L **comme Lumière.** Éclairons notre chemin autrement, laissons passer une part de divin en nous.
- U **comme Univers.** Certain·es l'appellent Dieu, d'autres la source ou tout simplement l'Univers, comme une force supérieure à l'humain.
- S **comme Spiritualité.** Ce nouveau domaine d'exploration et de réflexion qui nous permet de nous relier à notre âme.
- I **comme Introspection.** Prendre le temps, réfléchir, se questionner, se laisser inspirer… Un moment entre soi et soi, pas toujours aisé, mais très enrichissant.
- O **comme Originalité.** Nous sommes tou·tes uniques et singulier·ères.
- N **comme Noblesse.** Vivre avec plus de noblesse, c'est laisser notre âme s'exprimer et s'élever au quotidien.

Ère du Verseau

✶ **E comme Esprit.** Esprit, âme, mental, ego… À qui laissons-nous le plus de place dans notre vie ?

✶ **R comme Reliance.** Les un·es avec les autres, les un·es pour les autres.

✶ **E comme Émerveillement.** Face aux choses simples de la vie, un coucher de soleil, un sourire, un signe, parce que c'est le meilleur moyen d'ouvrir sa réflexion sur une autre vérité.

✶ **D comme Destin.** Celui que nous avons tou·tes à réaliser ici pour nous épanouir.

✶ **U comme Union.** Du ciel et de la terre. De l'âme et du corps. De l'esprit et de la matière.

✶ **V comme Valeurs.** Celles du cœur qui nous guident et nous font vibrer.

✶ **E comme Égalité.** Les femmes et les hommes, les êtres vivants…

✶ **R comme Rires.** C'est le paramètre de la joie, de la légèreté dans la vie.

✶ **S comme Sens.** En donner à sa vie permet d'avancer sans doutes et sans peurs.

✶ **E comme Ego.** Mal compris, mal-aimé, mal placé, mais pourtant une part essentielle de l'humain.

✶ **A comme Âme.** Une autre part de nous à (re)découvrir au fil des années.

✶ **U comme Un.** L'union des un·es et des autres. Tou·tes pour un·e, un·e pour tou·tes. À jamais uni·es dans notre humanité.

Bibliographie et ressources

Bibliographie

OUVRAGES SUR L'ÈRE DU VERSEAU

Paul Le Cour, *L'ère du Verseau, le secret du zodiaque, le proche avenir de l'humanité*, Dervy-Livres, 1986.

Maître Saint Germain canalisé par Éric Fauroux, *Entrez dans l'ère du Verseau, manuel pratique pour révéler votre potentiel et devenir porteur de lumière*, Animae, 2023.

Jean Sendy, *L'ère du Verseau, fin de l'illusion humaniste*, Robert Laffont, 1980.

Ernest Webb, *Comprendre l'ère du Verseau*, Marabout, 1982.

OUVRAGES SUR L'ASTROLOGIE

Catherine Aubier, *Ma bible de l'astrologie*, Leduc éso, 2021.

Kris Brandt Riske, M.A., *Le Grand Guide de l'astrologie*, Arcana Sacra, 2021.

Joyce Duval, *Les secrets du zodiaque dévoilé, un voyage ésotérique au cœur de l'astrologie*, Le Lotus et l'Éléphant, 2022.

Sasha Fenton, *Astrologie*, Albin Michel, 2021.

Sophie Hérolt-Petitpas, *Astro Coach, mieux se connaître grâce à l'astrologie*, Webedia Books, 2022.

Claire-Soumya Kerouanton, *Astro Karma*, Exergue, 2023.

Chris Semet, *L'Astrologie en pratique*, Exergue, 2022.

Pola Von Grüt, *S'initier à l'astrologie*, Nouvelles Énergies, 2022.

OUVRAGES SUR L'ÉVEIL ET LA SPIRITUALITÉ

Laurence Bibas, *Le Grand Retour vers soi*, Eyrolles, 2024.

Chloé Bloom, *Explorer ses parts d'ombre et se retrouver soi*, Eyrolles, 2024.

Daisy Bodin et Julie Bodin, *Authentique*, Eyrolles, 2024.

Lise Bourbeau et Micheline St-Jacques, *Le Grand Guide de l'Être*, ETC, 2003.

Rhonda Byrne, *Le Secret, Un monde différent*, 2008.

François Constanty, *Le Retournement intérieur*, Animae, 2024.

Joe Dispenza, *Devenir super conscient*, Guy Trédaniel, 2018.

Hervé Franceschi, *Mission joie*, Guy Trédaniel, 2024.

Laurent Gounelle, *L'homme qui voulait être heureux*, Pocket, 2010.

Karlfried Graf Dürckheim, *Pratique de la voie intérieure, le quotidien comme exercice*, Le Courrier du livre, 1968.

Karlfried Graf Dürckheim, *Méditer, pourquoi et comment*, Le Courrier du livre, 1978.

Émilie Labourdette, *Écoute : ton cœur te parle !*, Le Souffle d'or, 2022.

Isabelle Layer, *Je deviens l'artiste de ma vie*, Eyrolles, 2022.

François Lemay, *Tout est toujours parfait ! L'art d'accueillir ce qui est*, J'ai Lu, 2024.

Dr Nicole LePera, *Pars à ta rencontre*, Leduc, 2024.

Franck Lopvet, *Ton autre vie*, Eyrolles, 2021.

Richard Moss, *Le Mandala de l'Être*, Albin Michel, 2008.

Paul Pétrino, *Petit Manuel de l'apprenti Dieu*, Mosaïque, 2008.

Arnaud Riou, *Vous êtes immortel*, J'ai Lu, 2024.

Sabrina Romeo-Dussart, *12 mois pour se reconnecter à soi*, Jouvence, 2022.

Don Miguel Ruiz, *Les quatre accords toltèques*, Jouvence, 2024.

Nathalie Saulnier, *Êtes-vous un lightworker ?*, First, 2024.

Eckhart Tolle, *Le pouvoir du moment présent*, J'ai Lu, 2010.

OUVRAGES D'ALEXANDRA RAILLAN

Le pouvoir des mantras, Nouvelles Énergies, 2024.

La guidance angélique, Nouvelles Énergies, 2024.

La loi de l'attraction, Larousse, 2024.

S'initier aux arts divinatoires, Nouvelles Énergies, 2023 (collectif).

Podcasts

Dialogues, de Fabrice Midal.

Ézotérique, de Léa Lezé.

Entre deux mondes, de Xavier Murez.

La vie suffit !, de Chloé Bloom.

Autour de Franck Lopvet, d'Arnaud Le Canu.

La petite voix, d'Herveline Denis.

Série

The Chosen, créée par Dallas Jenkins, depuis 2017, 4 saisons.

Remerciements

Pour Léon, mon petit Verseau devenu grand
Vieille âme et grand sage qui s'ignore
Que ce livre puisse répondre à une partie de tes questionnements…

Je tiens à remercier du fond du cœur mon éditrice, Viviane du Guiny, qui a tout de suite cru en ce projet, qui m'a poussée dans mes retranchements avec des remarques qui ont toujours fait tilt pour améliorer le manuscrit… Merci pour ta patience, ta lucidité et ton regard neuf sur les textes, toujours juste, à la fois pertinent et doux. À force, tu vas devenir toi aussi une éveilleuse de conscience… Merci pour ta confiance. Merci également à toute l'équipe de Larousse qui a permis à cet ouvrage de voir le jour, en particulier Nacima pour sa relecture soigneuse et attentionnée, Claire pour la couverture éclairante et Hermine pour la mise en beauté des textes.

Un immense merci, d'âme à âme, à tou·tes les contributeur·ices qui m'ont fait confiance et qui ont accepté d'apporter un éclairage nouveau et toujours inspirant au fil des pages. Par ordre d'apparition des expert·es : Claire-Soumya Kerouanton, Julie Grandmougin, Léa Lezé, Éric Fauroux et Caroline Tupin.
Enfin, merci à tou·tes les auteur·ices, les podcasteur·euses et autres sages, connu·es ou moins connu·es, qui m'accompagnent tous les jours dans mon cheminement.

Direction de la publication : Isabelle Jeuge-Maynart et Ghislaine Stora
Direction éditoriale : Émilie Franc et Julie Martin
Édition : Viviane du Guiny
Préparation de copie : Nacima Bouzad
Relecture sur épreuves : Margaux Delaunay
Direction artistique : Géraldine Lamy
Couverture : Claire Simonet
Conception graphique et mise en page : Hermine Blanquart
Fabrication : Laetitia Messadene
Illustrations : © Shutterstock sauf carte du ciel astrologique p. 12 : Evozen et échelle de Bovis p. 99 : © Larousse

21 rue du Montparnasse 75006 Paris (livres-larousse@larousse.fr)

Imprimé en Espagne par Estella Graficas
Dépôt légal : janvier 2025
337561/01 – 11056529 – novembre 2024
ISBN : 978-2-38-375126-7